行政と地面師が共謀し、私の土地を奪った！

権力による現状変更訴訟20年の裁判記録と、裁判官の驚くべき判決内容

岡崎剛正

RIGHTING BOOKS

はじめに

土地の境界をめぐるトラブルは、土地を所有している人であれば誰でも遭遇の可能性がある問題です。個人と個人のトラブルであれば、最初は話し合いで解決を図ることができますし、決着がつかない場合は司法に判断を委ねることもできます。確かな証拠と法的根拠が示されることで、ある程度の落とし所を見つけられるでしょう。

しかしそれは、裁判所が法律に則って公明正大な判決を行ったときです。

自分の土地に「行政が管理する土地」が含まれており、その境界が明確になっていない場合は、自治体に調査を依頼できます。その調査結果に納得できないときは再調査の申請が可能ですが、それでも納得できないときには、行政を相手に訴えを起こすしかありません。

このとき、裁判所が公明正大な判決を下すかどうか――残念ながら、今の私はそれを信じることができません。

私の父の所有地は、自治体が調査を委託している土地家屋調査士に、不動産登記を改ざんされました。私が購入した土地も、自治体からあるはずのない「市道敷地」の存在を指摘され、所有権移転登記の手続きを妨害され続けてきました。その土地は、自治体がかつて地権者に無許可で道路拡張工事を行った場所だったからです。そこに市道敷地があるという偽装工作をしなければ、不正が発覚してしまうからです。

不動産の登記に関する手続きは、非常に厳格です。正規の手続きを踏まずに不正な登記を実行するなら、公的機関の協力――共謀が不可欠です。

しかし、不動産登記に関わる機関が共謀し、水面下で不正行為を推し進めても、地権者は自分の土地の登記に関する書類をすべて閲覧する権利を持っています。隠し通すことはできません。

私は、自治体による不正行為を発見しました。その事実を何度も自治体に訴え、是正を求めました。

しかし、受け入れてもらえませんでした。

話し合いでは無理だと判断し、裁判による解決を図ろうとしましたが、うまくいきませんでした。裁判所も、自治体の不正行為を隠蔽する共謀組織のひとつだったのです。私が用意した明確な証拠はことごとく無視されました。

一度だけ、自治体から示談の申し出がありました。その条件は、遠回しに「不正行為を見なかったことにしろ」と伝える内容でした。

「市民から見えない場所で内々に処理すれば、バレることはない」

「バレなければ、不正してもいい」

訴えを止めれば、これらを認めることになります。

私は地元を愛しています。だからこそ、この不正に目を瞑ることはできません。何度退けられても、無駄だから諦めろと言われても、不正を許し、再び同じことが起きる可能性を次世代に残すことは、どうしてもできないのです。


もし、私と同じような目に遭っている人（パンドラの箱を開けた人）が、

「何をやっても無駄なら、諦めるしかないのか。泣き寝入りするしかないのか」

などと考えていたら、私は大声で「それは違う」と言います。日本にはさまざまな法律や制度があります。それらを駆使すれば、光明が見えてくるはずです。

私のこれまでの経緯を本にすることで、それを伝えられるかもしれない。そう思いたち、筆を執ることにしました。一般書籍として発表するにあたり、地名や個人名はすべてアルファベットや仮名に変更しています。ですが「出来事」は、すべて実際に起こった、本当のことです。

第3章　境界確定訴訟

第4章　平成28年の筆界特定

あとがき

第1章 境界紛争の経緯

この境界問題には、市役所、裁判所、法務局や警察署など、多くの公的機関が関わっています。なぜ、それほど複雑な状態になったのか。

まずは裁判と筆界特定に至るまでの出来事を、順を追って説明します。なお、個人名はすべて仮名です。

【1301番2】の土地を事実上購入

平成5年、私は実家近くの土地を購入して一軒家を建てましたが、駐車場を作ることができませんでした。そこで、隣の1302番の所有者である古河勝美さんに「土地の一部を駐車場としてお借りしたい」とお願いをして、借りることになりました。

しかし、道路から1302番の駐車場に車を移動させる際、どうしても1301番2の土地を通らなければなりません。所有者である濱田正樹さんは県外に住んでいましたが、母親の浜田ミヤコさんは地元に残っていました。私はミヤコさんにお会いし、1302番の一部を駐車場として借りたこと、車を停める度に1301番2を通行しなければいけないことをお伝えし、許可をいただきました。

それからしばらく経ったある日、勝美さんの息子・古河涼介氏が家にやって来て
「あそこはうちの土地じゃない、もっと奥に停めろ！」

と、強い口調で注意されました。慌てて駐車場に行くと、いつもよりも手前の位置に停めてしまっていました。

「このあたりが、１３０２番と、１３０１番２の境界なのか」

そのときはじめて、私は土地の境界を認識しました。

「このままではいつかまた、境界をまたいで駐車してしまうだろう。トラブルを避けるためにもこの土地を買い取って、駐車場にした方が良いかもしれない」

１３０１番２の土地の購入についてミヤコさんに相談したところ、

「正樹に連絡したら、土地を売ってもいいと言いました。契約書は、息子が帰省したときに作成しましょう」と言ってもらえました。

平成7年のある日、突然、古河氏がやって来ました。

「１３０１番２の土地の一部を買わないか？　一坪につき１４万５０００円だ」

私は首を傾げました。その土地は、私がすでに濱田さんから売ってもらう約束をしています。そう伝えると、古河氏は顔を強張らせて去って行きました。

そのあと再びやってきて「１３０１番２の土地は、全部わしが買うことになっている。濱田から買うことはできん、諦めろ」とだけ言って、帰りました。

私はミヤコさんに、古河氏に言われたことを伝えました。その日の夜には濱田さん本人から電話がありました。

「古河氏から『１３０１番２の土地を全部売ってほしい』と連絡がありましたが、岡崎さんに売ることになっているので、あなたには売りませんとはっきり伝えました。安心してください」

それ以降、古河氏から１３０１番２の土地購入の話はありませんでした。

【1301番2】の地目変更申請が理由なく拒否される

平成９年の２月、ついにミヤコさんが痺れを切らして提案してきました。

「所有権移転登記を進めましょう」

１３０１番２の地目は「田」になっていたため、土地を購入するためには、まず地目を変更する必要がありました。私は農地法第５条の規定に従って必要な書類をすべて揃えて、Ｈ市の農業委員会に足を運びました。

ところが、窓口の職員は土地台帳すら見ずに申請を拒否しました。

「１３０１番２には市道敷地があるため、受理できません」

おかしい、と思いました。私の記憶では、１３０１番２に市道は含まれていません。

農業委員会の主張に納得できなかった私は、５月に市役所の建設課用地係を訪ねました。対応してくれた羽田主事に、農業委員会でのやりとりを伝えて、言いました。

「土地境界確定を申請します。１３０１番２に市道が含まれているのであれば、境界確定を行った上で分筆を希望します」

土地境界確定を実施、市職員は何も確認せず終了

２カ月後、建設課から「境界確定申請書を提出し、関係者および境界確認の日程を調整して報告するように」との指示がありました。

私は言われた通りに申請書を提出し、関係者と話し合って出席者と日程を決定しました。

・日時　平成9年8月15日　午後1時30分より（1301番2に集合）
・関係者　岡崎善二、濱田正樹、小森まさ、古河涼介、萱内志津子、米山雅弘
・立会人　建設課 大谷課長、羽田主事、H市土地家屋調査士会会長 奈良井氏
ところが当日、境界確認の開始前に、古河氏が急に小森まささんに「あんたは関係ない、帰れ！」と、大声を上げました。

小森さんの自宅は市道に沿った場所にあり、長年住んでいるため、市道の場所や、1301番2の土地の範囲、近隣土地の境界について、誰よりも知っている人です。私が止めても古河氏は聞き入れずに「帰れ！」と繰り返すため、小森さんは萎縮して帰ってしまいました。なぜか市の職員も、その行為を止めませんでした。

関係者が1名欠席となりましたが「境界確認を始めます」と市職員が言うので、私は気を取り直して質問しました。

「大谷課長、この土地のどこに、市道敷地があるのでしょうか」

課長は何も言わず、無言で私から離れました。追いかけようとすると古河氏が間に割って入り「わしは課長と仲が良いからな！」と、大声で言いました。意味がわからず、私は何度も課長に近づこうとしましたが、その度に古河氏が妨害し、同じことをまくしたてました。

結局、市職員は市道の場所や境界を示さず、１０分程度で終了となりました。

所有権移転登記ができない理由、建設課の根拠なき回答

９月１９日、建設課用地係の羽田主事から書面が送付されました。

「市道のうち、未登記となっている１３０１番２を測量したところ、下記理由により早急な分筆及び所有権転移登記が困難ですのでお知らせいたします」

理由は、測量結果と公図が符合しないため。資料として公図写し、平面図、地積測量図が添付されており、１３０１番２の地積が次のように記されていました。

・道路部分　１３０１－２Ａ　１０１・５２㎡
・岡崎氏買収予定　１３０１－２Ｂ　３１・７１㎡
・濱田氏墓地　１３０１－２Ｃ　３６・３２㎡

明らかにおかしな数字でした。土地台帳に記載されている地積は「５０５㎡」です。３つの土地を合計しても、３３５・４５㎡も足りません。そもそも、８月１５日の境界確認では何も確認されませんでした。添付された地積測量図は、近隣土地所有者の承認を得ていません。

平面図にも、違和感がありました。ため池がある１３０２番の一部が、市道敷地に含まれているのです。

私は法務局に足を運び、登記済みの「昭和４８年5月１０日付の地積測量図」を入手しました。市道敷地内に存在しているのは１３０１番1のみで、１３０１番2と１３０２番は入っていないことが確認できました。

私は羽田主事に言いました。

「8月１５日に実施した土地境界確定では、１３０１番2の土地の確認は一切行われませんでした。これらの添付書類は、どのような資料をもとに作成されたのですか」

羽田主事は沈黙し、根拠となる資料について語ろうとしません。

「それなら、１３０１番２の再調査を申請します」

「今は予算がないので、調査できません」

「では、予算が下りれば調査をしてくれますか？」

「わかりました」

羽田主事が頷いてくれたため、私は予算が下りるのを待つことにしましたが、どれだけ待っても調査は実施されませんでした。

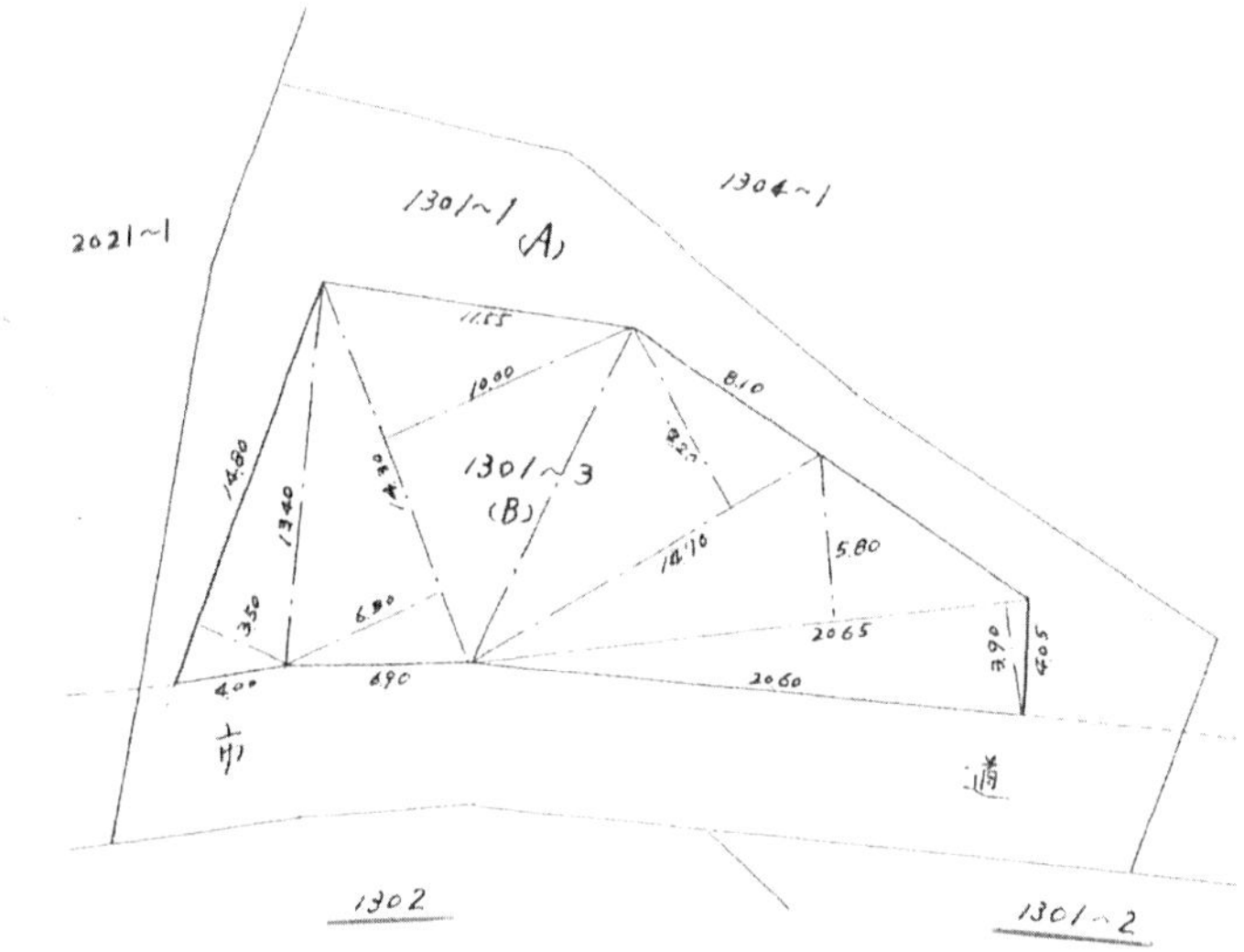

1301~3 地積測量図（作成年月日：昭和 48 年 5 月 10 日　登記済）

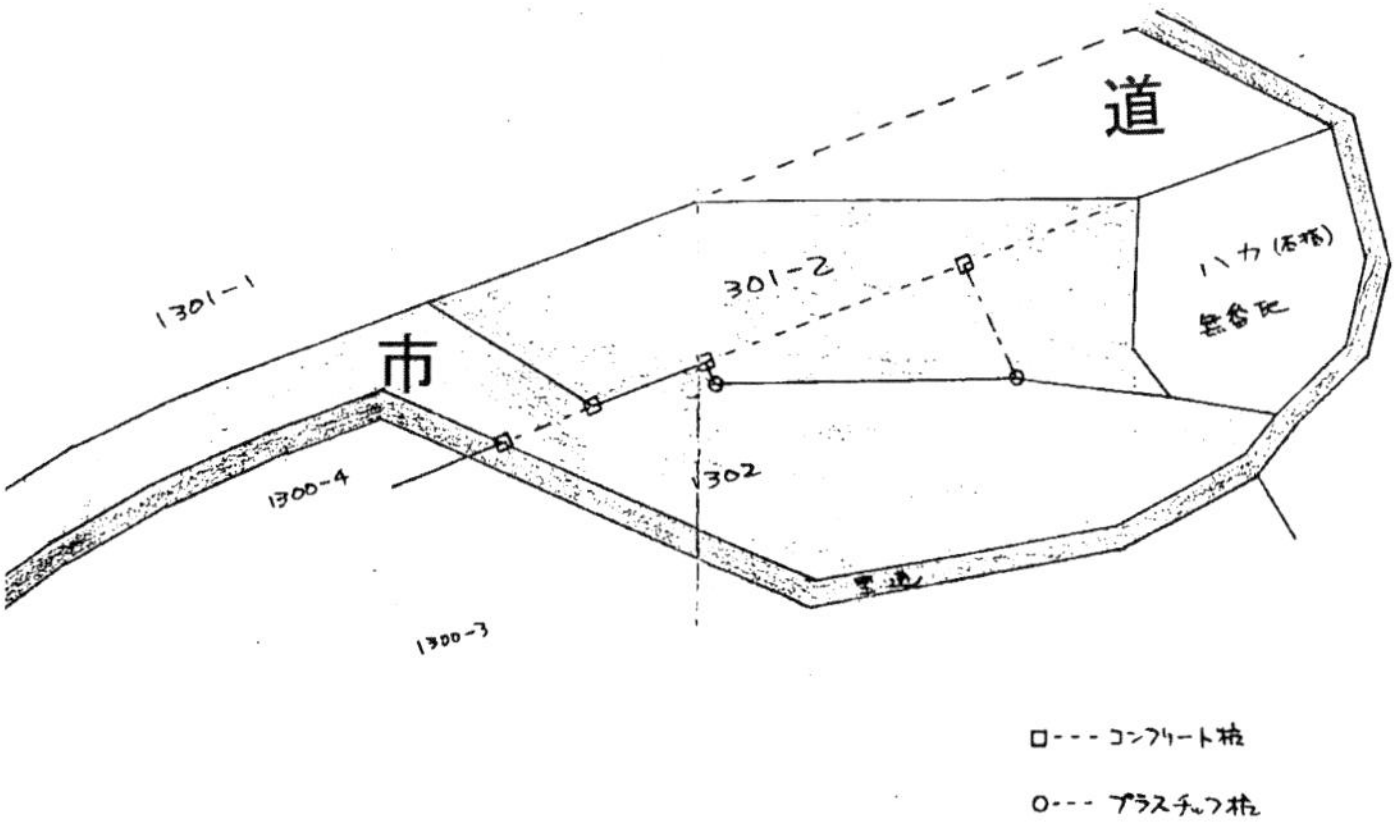

境界確定報告書＿平面図

偽造文書による地積測量図作製が発覚

平成15年1月9日。建設課から連絡があり、私は市役所に足を運びました。窓口に行くと植村係長がやってきて、小さな会議室に案内されました。

「1301番2について、公図の訂正を行います」

そう言って、「訂正前」と「訂正後」の公図が書かれた資料を手渡されました。

「待ってください、私は公図の訂正を申請した覚えはありません」

「すでに公図はこの通りになっています。平成7年6月に古河涼介氏が提出した国有地境界確定申請書をもとに変更されました」

そう言って、係長は境界確定申請書を見せました。

私が境界確定申請をした平成9年8月よりも前に、古河氏が境界確定を申請していたとは初耳でした。

境界確定の申請には、地積測量図が必要です。地積測量図の作成には、近隣土地所有者による境界確認が必須です。そのうえで、近隣土地所有者の承諾書と住民票、実印証明書等の書類提出が求められます。

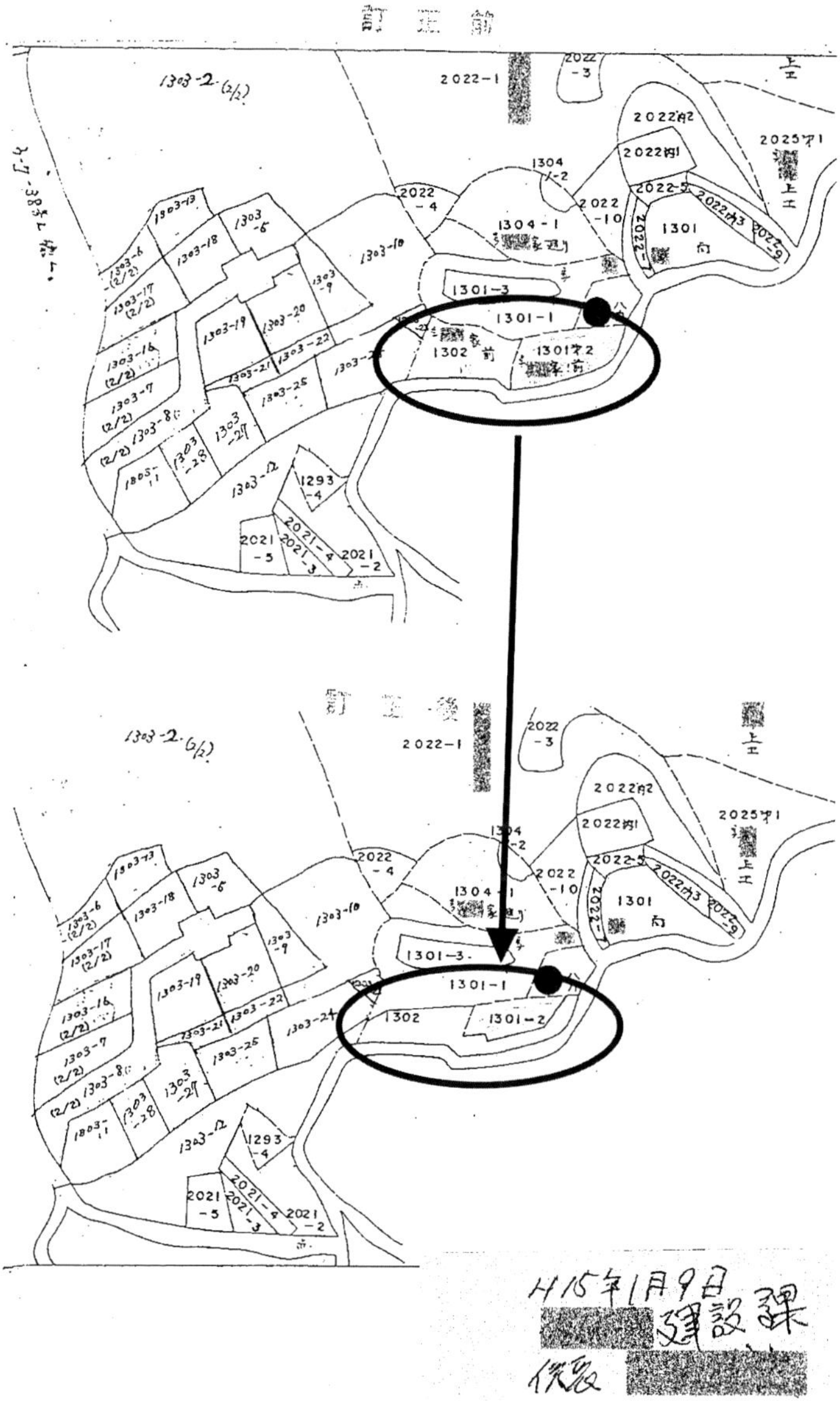

建設課から渡された資料　公図の訂正前・訂正後（H15）

どれも、まったく身に覚えがありません。それなのに、境界確定申請が受理されて、公図に反映されるというのです。

「この申請書をコピーさせてください」

「コピーは許可できません」

「理由も経緯もわからないものを認めることはできません。自分で確認してきます」

私は会議室を飛び出し、土木建築事務所の窓口で平成7年に古河氏が申請した境界確定申請書について尋ねて、書類一式をコピーしてもらいました。

書類を見ると、平成7年6月5日に古河氏は土地家屋調査士の奈良井氏を代理人として、自身の所有地1302番1の国有地境界確定申請書を提出していました。1302番1は、1301番2の隣接地です。

驚いたのは、市道を特定する立ち会いの証拠として添付された写真に浜田ミヤコさんが写っており、その人物を「濱田正樹」と記していたことです。母親のミヤコさんを、濱田正樹さんに見せかけていたのです。

このときのことを、ミヤコさんは次のように語りました。

「古河氏が急に訪ねてきて、ついてくるようにと言われたので、ついて行きました。そして、この場所に立てと言われて､写真を撮られました。その後、もういいと言われたので帰宅しました。その時の写真です。なぜこのようなことに使われているのか、わかりません」

添付された地積測量図の作製日は平成７年７月３１日となっていますが、近隣土地所有者の承諾書、住民票、実印証明書は一枚も添付されていません。立ち会った記憶もありません。

私は、書類をコピーしてくれた職員に尋ねました。

「この国有地境界確定申請書には、必要書類が添付されていませんが……？」

「当時の担当者は異動したため､詳しいことはわかりません。ですが、その申請は必要書類が揃っていないため承認されていませんし、法的に効力を持つものではありません」

私はお礼を言って市役所に戻り、植村係長に面談を申し出ました。そして、コピーした書類を見せて質問しました。

「土木建築事務所では、この申請は承認されていない、法的効力はないと言われました。それなら、法務局もこの申請を認めていないはずです。どうして公図の変更ができるのですか？　法務局が許可しなくても市の独断で行えるのですか？」

係長は私の質問には答えず、訂正後の公図を指差して「このように訂正されます」、「こうなるんです」と主張するのみでした。

「なぜ答えてくれないのですか。本当のことを言ってもらうには、裁判をするしかないのでしょうか」

「訴えたいならそうすればいい、３０万円をドブに捨てるようなものだ！」

その言葉に、これ以上何を聞いても無駄だと悟りました。

「私は公図の訂正を承認しません」

最後にハッキリと告げて、帰りました。

虚偽の「現況確認申請」が発覚

隠れて行われていた不正行為は、それだけではありませんでした。

同じ平成１５年の６月１９日、再び大きな問題が明らかになりました。濱田正樹さんの固定資産税名寄帳兼課税台帳に記載されている１３０１番2の地目と地積が、平成9年4月に勝手に変更されていました。発見したのは、弟の濱田利之さんです。

「税務課に確認したいので、一緒に来てくれませんか？」

利之さんから事情を聞いた私は、二つ返事で車を走らせました。税務課で理由を尋ねると、職員は淡々とした口調で答えました。

「平成9年10月1日に、土地所有者の濱田氏によって1301番2の現況確認申請書が提出され、これが受理されたため、その資料に基づいて変更を行いました」

利之さんは眉を潜めました。当然です。

「兄がそのような申請をしたという話を、私たち家族は一度も聞いたことがありません。その申請書を見せてください」

渡された申請書の1ページ目を見て、利之さんは驚きの声をあげました。

「兄の名前が違うし、捺印されている印も違う」

申請者の氏名は「浜田正樹」と書かれていました。捺印も「浜田」の印です。

違和感は他にもありました。

建設部建設課の部長が、1301番2について「下記物件は市道用地としてすでに寄附を受けているが、所有権移転登記に時間がかかるため、平成9年度から登記完了までの固定資産税の減免をお願いいたします。」と、税務課に申請していました。しかし、濱田さんが1301番2を市道用地として寄付をした事実はありません。

添付された地積測量図は、10月20日に現地調査を実施したと書かれていますが、立ち会った事実はありません。作製日は空欄で、申請人欄は「濱田正樹」となっていますが、本人は申請していません。加えて、505㎡の地積が170㎡になっています。

調査結果報告の内容も、妙でした。「平成9年10月20日の現地調査の結果、……平成9年度より以下の通り地目を変更します」と書かれていますが、平成9年4月26日に作製された固定資産税名寄帳兼課税台帳では、地目と地積はすでに変更されています。

調査結果報告と台帳更新のタイミングが逆なのです。

私は職員に、これらの違和感や間違いを指摘し、現況確認の結果を本人に知らせたのかと尋ねました。すると、慌てた様子で私の手から資料を取り上げて「これ以上は、お見せできません」と言いました。

「その書類、コピーさせてもらえませんか」

「本人の承諾がなければ、コピーを作成することはできません」

濱田正樹さんにはすぐに連絡がつかないため、私たちはミヤコさんに事情を説明し、ミヤコさんから税務課に電話でコピーの作成と送付を依頼してもらいました。

後日、書類の写しが送付されました。重要な部分は黒塗りで消されていましたが、申請人の氏名が「浜田正樹」であること、捺印が「浜田」であること、地積測量図や現地調査結果報告の誤りは確認できました。

さらに、利之さんから連絡がありました。

「兄に確認したところ、自分が承諾していない書類に捺印をした覚えはない、と言っていました」

後日、企画財政部税務課資産税係の川北係長より回答がありました。

「１３０１番２の現況確認申請書は、表紙と、７ページ目の現況確認の結果について（通知）の２枚しか、濱田正樹氏に送付していない」

私は濱田正樹さんに連絡して、確認しました。本人はその書類を受け取っていないことがわかりました。

【1301番2】の売買契約を締結

同じ年の５月、農業委員会で人事異動があったと聞き、１３０１番２の地目変更に再挑戦しました。

必要書類を作成して相談に行くと、快く対応してもらえました。前回の対応が独断だったのかと思えるほど、何の妨害もなく現地確認が実施され、６月１９日に証明書が発行されました。

1301番2は「農地以外」となり、農地法が適用されない状態になったのです。

また、同じ月の18日、濱田正樹さんが再び帰省して時間の余裕もあったため、売買契約書を作成し、正式に締結しました。私はすぐに行政書士に依頼して土地登記申請書を作成してもらい、M地方法務局H支局に提出しました。

現在の土地所有者と正式に売買契約を交わし、農地法の適用を受けない土地であることも証明済みで、そのうえ行政書士が申請書を作成したのですから、何も不備はないはずでした。

しかし、登記官の武田氏は、

「H市と相談した後、連絡します」

と回答しました。

境界確認が実施されるも、虚偽の報告書が作製され確定に至らず

土地登記申請書を提出してから3カ月ほど経ったある日、地積管理課の下澤氏から連絡がありました。

「1301番2の土地の境界確認を行いたいので、申請書を提出してもらえませんか」

市が境界確認を行う気になったのなら、断る理由はありません。関係者に連絡を取り、日程を調整しました。

・日時　平成１５年１１月8日　午前9時より
・関係者　岡崎剛正、岡崎善二、小森まさ、古河涼介、濱田利之、萱内志津子
　※古河兼行（古河涼介の息子）は欠席
・立会人　地積管理課・下澤

当日、参加予定の関係者と立会人は全員集合してくれましたが、平成9年のときと同じように、古河氏が小森さんに「あんたは関係ない、帰れ！」と大声で罵倒し、小森さんは帰宅してしまいました。また、萱内さんも立ち会いが始まる前に帰宅されました。

にわかに不安になったとき、父（岡崎善二）が私に声をかけました。

「ここに来る前に古河氏に呼び出されて、話をした。彼は赤道の位置を改ざんしたこと、１３０１番2の土地の一部を長谷川氏に転売したことを明かして、和解を申し出てきた。正直にすべてを話してくれたので、わしは和解を受け入れてもいいと思うが、お前はどうだ？」

父は長くこの地に住んでおり、地元で道路工事が決定したときには私財を投じて田畑用と家庭用の簡易水道工事を行うなど、地域に貢献してきた人です。そして、一筆の土地を何者かに勝手

に分筆され、その状態を10年以上放置された被害者でもありました。そのため私は、この土地問題について父によく相談していたのです。

土地の境界を改ざんしただけではなく、すでに転売されていたという事実に、私は強い憤りを感じました。しかし、父が言うのであれば……と、思ってしまいました。

「わかった、受け入れよう」

回答を伝えると、古河氏は満面の笑みで私の手を握って「よかった、よかった」と喜びました。

その後、父の主導で境界確認が始まりました。

隣接地の所有者から「赤道の一部が土砂で埋まっているため、通行したくても通れない」という意見があり、まずは話し合いとなりました。利之さんが所有地の一部を提供すると言ってくれたため、岡崎・古河の所有地を通るという案で、赤道の位置を変更することになりました。

この話し合いが終わった後、古河氏が、

「小森さんが赤道の一部を畑として使っている」

と、主張しました。しかし、小森さんの土地に赤道は存在しません。

「私が小森さんを呼んできます」

すると、下澤氏が止めに入りました。

「小森さんには後日､市が調査して行政指導を行いますので､岡崎さんはこの場にいてください」

行政指導という言葉に違和感がありましたが､しっかり調査してくれるのなら､そのほうが後々も問題にならないだろうと思い、私は小森さんを呼ぶのはやめました。

そうして3時間ほどかけて確認作業が済んだ後、

「来年の1月には､岡崎さんのご希望の通りに変更されますので､安心して待っていてください」

下澤氏は、そう言ってくれました。

しかし、年が明けて2月に入っても連絡がないため、私は電話で「どうなったのか報告してほしい」とお願いをしました。

すると、平成16年3月1日付で「境界立会報告書」が送付されました。

「……なんだ、これは!?」

報告書には、事実と異なる記載が多数ありました。

・立会人に、欠席していた「古河兼行」と、立ち会いが始まる前に帰宅した「小森まさ」「萱内志津子」の名前が含まれていました。

・経緯には「赤道については、一部地積測量図があり、古河氏の主張は測量図どおりということだが、岡崎氏の主張は測量図とは違う形であった。主張が平行線のままなので、お互い譲り合う形で別添図面のとおり確認する方向で協議し、後日岡崎氏と古河氏が再度協議し、正式に境界を確定することになった」と記されていました。

私も古河氏も、赤道の位置を主張したりしていませんし、場所は話し合いで決定しました。その事実は一切記されず、後日再度協議して正式に境界が確定するという流れになっていました。

・「小森氏が赤道を個人的に畑として利用しているという話もあり、古河氏と濱田氏がその赤道に替わる土地を市に寄附しても良いとのこと」、これも事実と異なります。

利之さんが所有地の一部を提供すると言ったのは、赤道を通行できるようにするためです。その上で、私と古河氏の所有地を通る形で赤道の位置を変更すると、話し合いで決めました。

・「実際に赤道を個人利用しているのか調査のうえ、市が小森氏と協議し今後の方針を決定する」とありますが、調査後に小森さんに会ったとき「市が調査に来ましたか」と尋ねると、「来ていない」と答えました。

「来年の1月には、岡崎さんのご希望の通りに変更されます」という言葉は、いったい何だったのか。信じて待っていたのに、完全に騙されてしまいました。

この報告書を受け取った後、私は古河氏に連絡をとりました。

「昨年実施した境界確認について、報告書には私とあなたで再度協議をして決定すると書かれていましたが、あの場で決めましたよね」

「まだ考え中なので、決められない」

その後、何度か古河氏に連絡をしましたが、「まだ考え中だ」という返答しかもらえませんでした。

あの和解は何が目的だったのか。何のために境界確認が実施されたのか。

当時はまったく意味がわかりませんでしたが、いまは「岡崎氏と古河氏の協議によって境界を正式に決定する」という状況を作り、古河氏が決定を行わないことで境界をあいまいな状態にし、時効を狙っていたのだと考えられます。

法務局の関与が発覚。弁護士と訴訟に関する委任契約を締結

平成１６年の３月には、もうひとつ許しがたいことが起こりました。

突然、武田登記官から電話がありました。

「３月２５日の５時半以降に、法務局に来てください」

5時半は法務局の業務終了時間です。指定された時間に訪問すると、人影のない建物の中で、武田登記官が一人で待っていました。そして「取下書」と、その記載方法の見本を出して、強い口調で言いました。

「土地所有権移転は許可できません。取下書に、この見本通りに記載してください」

「拒否します」

即座に返答しましたが、武田登記官も怯むことなく、厳しい表情と語気で取り下げを迫ってきました。

「どれだけ待ってもこの申請には許可が下りません。無理です。諦めて取り下げてください」

「なぜ許可が下りないのですか。理由を言ってください」

「……」

武田登記官が口を閉ざしてしまったため、無言で睨み合う形になりました。

私は少し考えて「許可が下りない理由を文書にして、送付してください。それを約束してくれるなら、いったん取り下げます」と、交換条件を出しました。

「……わかりました、約束します」

武田登記官が了承したので、私はひとまず取下書に記載し、提出しました。

後日、約束通り「登記相談に係る回答について」と題した書類が届きました。

「登記申請が受理されなかった理由」として、次のように書かれていました。

地目変更登記は、登記簿上に記載された土地の地目と現況の地目を一致させることを目的としていることから、その土地を現地で特定することが必要です。

ところが、今回申請された土地は、実地調査の結果、その位置、範囲、形状が確認できませんでした。


土地登記申請書を作成してくれた行政書士に、この理由が登記申請を不受理とするに足りるのか尋ねてみたところ、驚いた様子で「土地全体を購入したのに、許可されないこと自体が理解できない」と言いました。一筆の土地をすべて購入する場合は、対象土地の位置、範囲、形状が確認できなくても、登記できるはずだ、と。

それを聞いた父は武田登記官に面談を申し込み、行政書士の見解を告げました。

すると、武田登記官は観念したように打ち明けました。

「平成７年に市職員が、地積測量図（１３００番４、５）を持って登記申請に来た。先輩が、それを安易に受理してしまった。先輩を売るわけにはいかないので、息子さんの登記申請は受理できません」

登記申請されたのは、古河氏が国有地境界確定申請で提出した「関係人の立ち会いなしに作成された地積測量図」です。

登記申請ができるのは本人か代理人のみであり、代理人が申請する場合は登記権利者の委任状が必要ですが、書類一式には添付されていませんでした。

申請資格を持たない市職員の登記申請を、登記官が不正に受理した。

その不正を隠すために、私の移転登記申請を受理しない。

これは、明らかに犯罪でした。最初は警察に相談しましたが、弁護士の勧めで、訴訟に踏み切りました。

H市が示談を提示、これを拒否する

平成17年の1月。訴訟を委任した田中弁護士から「委任契約を解消する」と連絡が入りました。市から「示談で処理したい」と連絡があり、司法書士の宮本氏、測量士の岩野氏とともに

１３０１番2の測量調査を行うことになったそうです。

岩野氏は古河氏の親戚のため、少しひっかかりましたが、話し合いでの解決は私が最初から求めていたことでした。市がそれを望んでいるのであれば、条件次第で応じる気持ちはありました。

それから数日後。日が沈み、辺りが暗くなってから、ある人物が訪ねてきました。

「確認したいことがあるので、１３０１番２に来てほしい」

測量士の岩野氏でした。

なぜこんな時間に行うのか。疑問を投げかけましたが、岩野氏は答えずに歩き出しました。仕方なくついて行くと、岩野氏は１３０１番２の一部を指差して、言いました。

「境界はこの辺りで承諾しなさい。これだけの広さがあれば、一軒家を建てられるでしょう」

その境界は、私や他の土地所有者の認識とは異なる場所でした。

「ここを境界とする根拠は、何ですか」

「……」

「答えられないなら、拒否します。失礼します」

私はその場を去りました。

それからしばらくして、地積管理課の神谷課長から「1301番2に関して話がしたい」と、面談の申し出がありました。

指定された日時に市役所に行くと、神谷課長だけではなく、建設部の平沼部長もいました。

「H市は150万円を支払い、1301番2の測量調査を行います。承諾してください」

その調査の担当者は、やはり田中弁護士、宮本司法書士、岩野測量士です。私は、岩野氏に夜に呼び出され、暗がりの中で根拠のない境界を承認しろと言われたことを伝えました。

「そのような人間に調査を任せることはできません。拒否します」

ハッキリと答えて、私は背を向けました。

さらに後日、宮本司法書士から「現地で示談内容を説明したい」と連絡がありました。

1301番2に出向くと、田中弁護士と岩野氏も待っていました。

彼らは私に、4枚の資料を手渡しました。公図と、1301番2の土地の測量図2枚と、赤道の場所を示す写真です。

「調査した結果は、2ページ目の地積測量図の通りだ。だが、使い勝手が悪いため、3ページ目のように変更することになった。承諾しなさい」

私は測量調査を承諾していませんし、立ち会ってもいません。知らない間に調査は強行されて

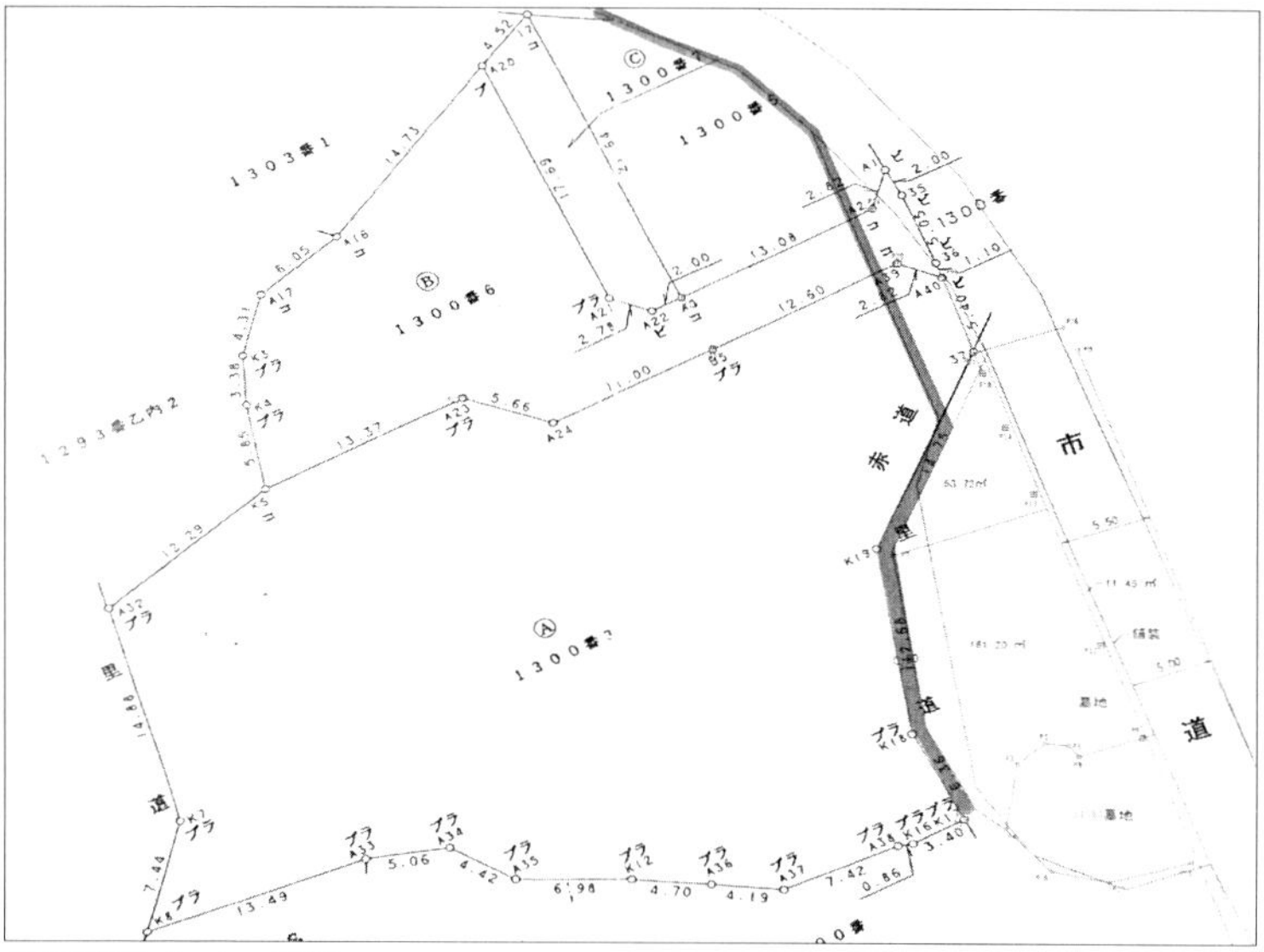

示談資料２ページ目

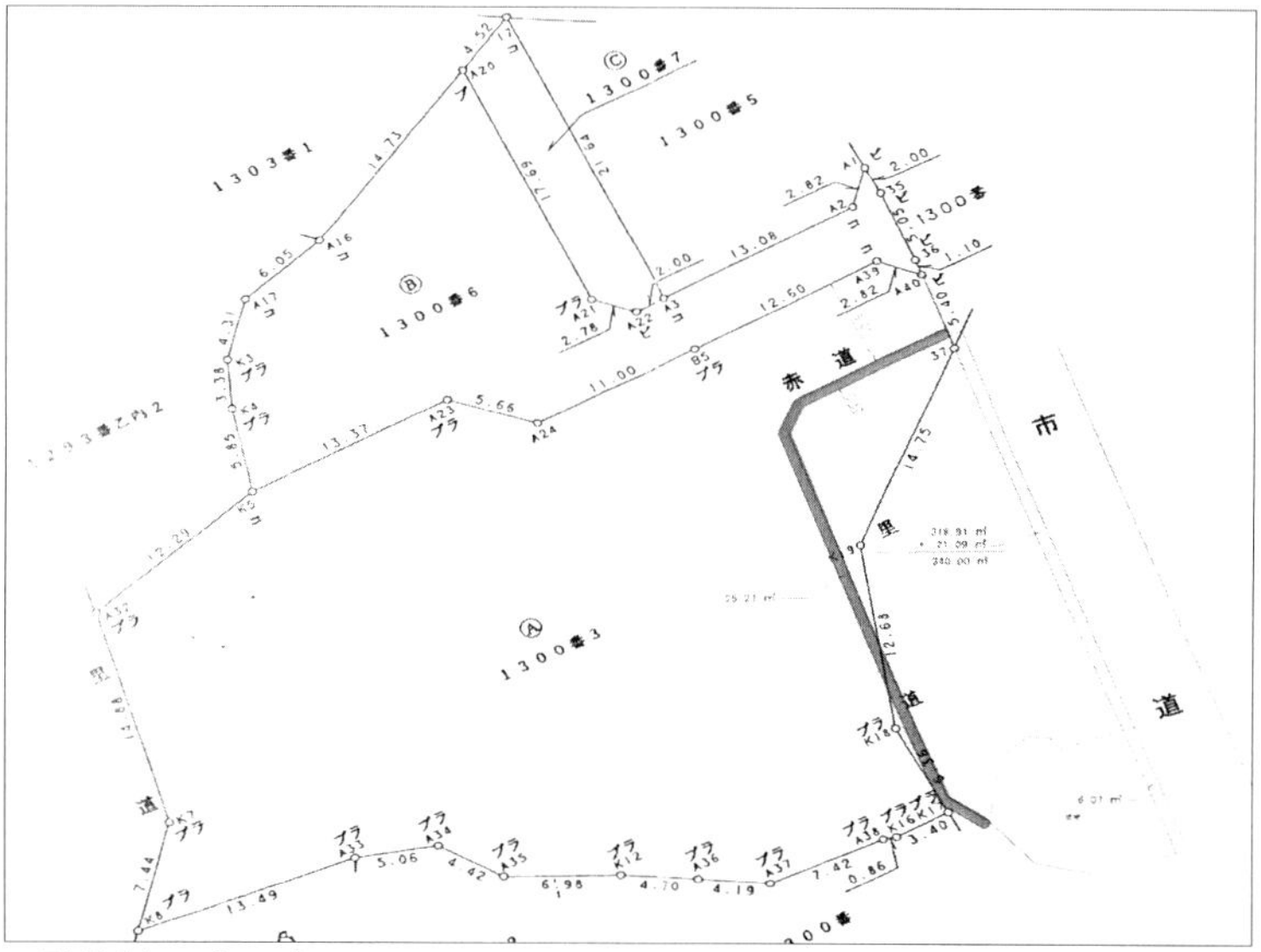

示談資料３ページ目

いたようです。

赤道と古河氏の私有地について、私の認識に近いのは2ページ目の測量図でした。3ページ目の図はそれとは異なるものであり、根拠となる証拠資料もありません。

変更の内容は、次のようなものでした。

・1301番2と隣接する赤道を、市道側と交換する。
・私の自宅がある所有地1303番24の土地の一部を、H市に無償提供する。
・1301番2の土地の面積を340㎡とする。

私は、示談を断りました。法務局職員、H市職員、古河氏の不正行為を知りながら、それを「見なかった」ことには、どうしてもできなかったのです。

時効所得による登記済権利証を獲得

私は司法書士に、1301番2の土地所有権移転登記を依頼しました。

後日、司法書士から次のようなメールが届きました。

「法務局の登記官によると、1301番2の売買による所有権移転登記は受理できない（理由は示されない）が、時効所得であれば応じるとのこと」

私の場合、濱田正樹さんが私に対して「時効を援用する」と認めれば、所有権移転登記ができるということでした。

不本意ではありましたが、私は濱田正樹さんに連絡して司法書士の指示を伝え、時効所得での登記申請の手続きを行いました。

これにより、平成１７年１０月、登記済権利証が届きました。

さんざん妨害されてきた１３０１番２の所有権移転登記が、ようやく実現したのです。

弁護士に相談、筆界特定制度での解決を依頼する

１３０１番２の所有権移転登記は完了しましたが、古河氏とＨ市による不動産侵奪転売を明るみに出すため、私は警察署に足を運び、生活安全課で状況を説明しました。

担当してくれた保角氏は、次のように助言してくれました。

「裁判は弁護士に依頼したほうがいいので、橘幸雄弁護士を訪ねてみなさい」

さっそく橘弁護士に連絡をとって相談すると、数日後に返事がありました。

「裁判では困難な案件ですが、筆界特定制度での対応なら受けることができます」

筆界特定制度とは、登記されている土地所有者等の申請により、筆界の位置を特定する制度です。「筆界を新しく定める」わけではなく、あくまで実地調査等によって、元の筆界を明らかにするためのものです。１３０１番2の土地は改ざん行為によって侵奪されたため、「元の筆界」を明らかにすることには大きな意味がありました。

私は橘弁護士に、筆界特定制度での解決を依頼しました。

こじつけの理由で、筆界特定が却下される

筆界特定申請の委任契約を締結した際、私は橘弁護士に尋ねました。

「関係人に通知された後、意見書や資料を提出することができるんですよね。その準備についてお聞きしたいのですが……」

「そんなものは必要ない」

なぜか、橘弁護士は意見書の作成を拒否しました。大いに戸惑いましたが、委任した弁護士の言葉を信じることにしました。

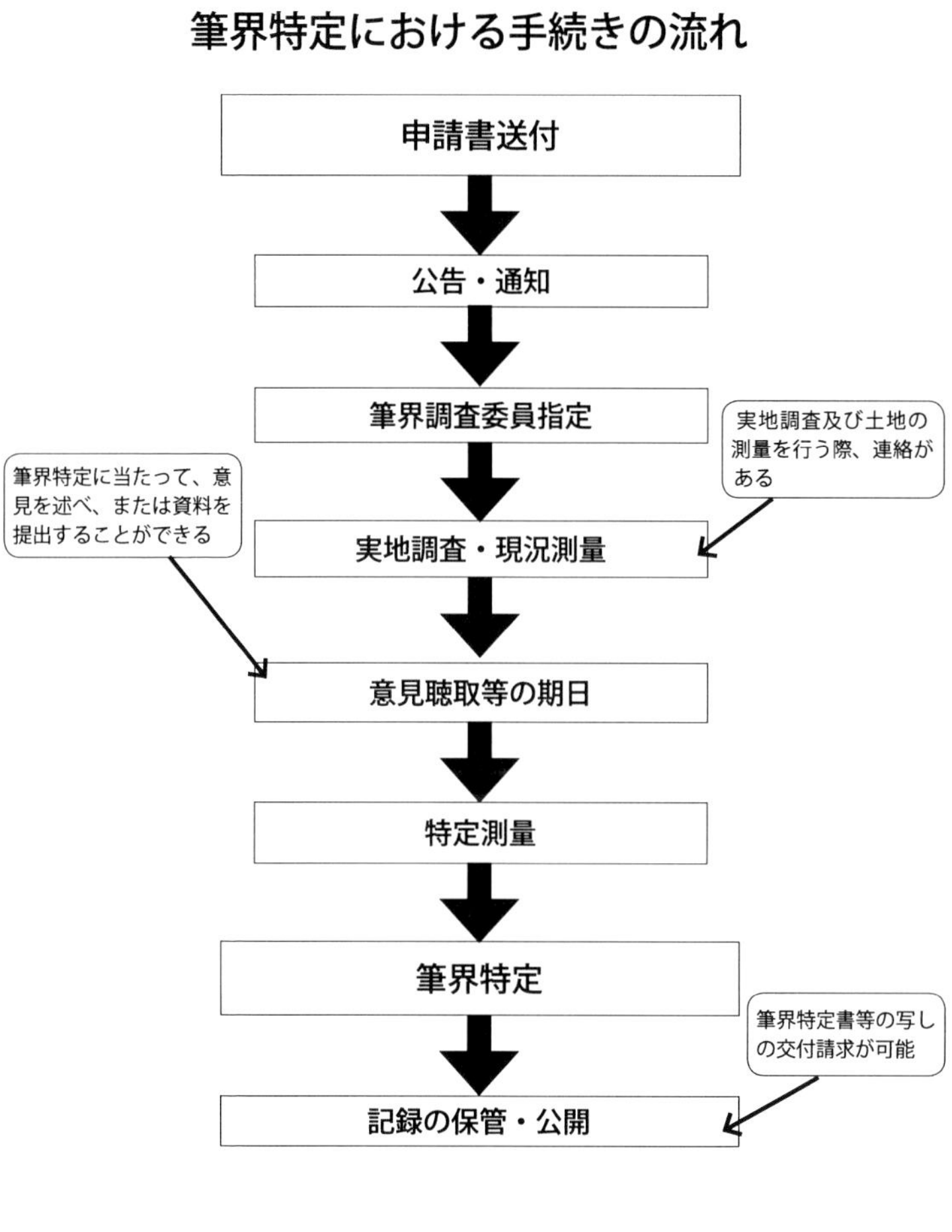
筆界特定における手続きの流れ
申請書送付
公告・通知
筆界調査委員指定
実地調査及び土地の測量を行う際、連絡がある
筆界特定に当たって、意見を述べ、または資料を提出することができる
実地調査・現況測量
意見聴取等の期日
特定測量
筆界特定
筆界特定書等の写しの交付請求が可能
記録の保管・公開

その後、橘弁護士とは一度も会うことはなく、連絡も報告もないまま11カ月が過ぎました。

そして、ある日突然、電話がかかってきました。

「筆界特定登記官から決定書が出るが、良いか」

何も把握できていないため、良いか悪いかの判断などできるはずありません。仕方なく「良いですよ」と答えました。

数日後、筆界特定登記官の尾形氏から電話があり「弁護士から資料を見せてもらったか」と質問されました。

何のことだろうと首をひねりながら、「橘弁護士とは委任契約を結んでから一度も会っていませんし、資料も一切見せてもらっていません」と正直に答えると、尾形氏は「あいつ！」と大声で怒鳴り、電話を切りました。

後日、橘弁護士より決定書の控えが届きました。

「1301番2の土地は、申請人が主張する場所と特定できないため、申請人には申請権限がない」という理由で、10月10日付で却下されていました。

「……どういうことだ？」

筆界特定制度の流れを改めて確認すると、決定が出たこと自体がおかしなことでした。土地の実地調査や測量はいつ実施されたのか？　近隣の土地所有者は誰一人として調査に立ち会っていません。

私は橘弁護士の事務所に、資料の返還請求を行いました。

その資料――筆界特定申請に対する決定書には、申請を却下する「理由書」が添付されていました。私が認識している１３０１番２の位置と境界が、筆界特定登記官・尾形氏の調査結果と一致しないため却下する、という内容でした。

詳しい説明は次章で行いますが、この判断は明らかに誤りであり、到底受け入れられるものではありませんでした。

第2章　平成１８年の筆界特定

平成１８年に決定が下された筆界特定の内容は、正しい知識があり、資料を見れば、根拠のない結論であることは明白でした。

この章では、私が筆界特定の結論が正しくないことをどのように証明し、第３章の境界確定訴訟に踏み込んだのかを、詳しくご説明します。

公図と土地台帳について

尾形筆界特定登記官の決定に根拠がないことを説明する前に、土地台帳と公図について軽く説明します。

【旧土地台帳とは】

明治時代、政府が土地所有者から地租（土地に課せられる税金）を徴収するために作成したのが「土地台帳」です。これは課税台帳として、税務署等に保管されていました。

昭和２５年の税制改革によって、市町村は「登記簿」をもとに固定資産税の徴収を行うようになり、土地台帳は課税台帳としての役割を終えました。地目や地積の変更、土地の分筆や合筆の際には、登記簿・土地台帳の両方に訂正が行われていましたが、昭和３５年に一本化され、土地台帳は閉鎖。現在は「旧土地台帳」と呼ばれて、法務局に保管されています。

旧土地台帳には「連動公図番号」が記載されており、後述する「土地台帳附属地図（公図）」と連動して管理されています。

【土地台帳附属地図（公図）とは】

土地台帳が作成される際、簡易な測量図である「土地台帳附属地図（公図）」も作成されました。ただし、明治時代は測量技術が未熟だったため、土地の位置関係や形状などが正確に表現されているとは限りません。

１９５１年以降、正確な地図作成を目的として、全国各地で国土調査法に基づく地積調査が行われるようになりました。その調査結果から作成された地図も公図と呼ばれており、古い土地台帳附属地図とともに閲覧が可能です。

本書では明治時代に作られた土地台帳附属地図を「明治公図」、１９５１年以降に作られた地図を「公図」と呼称します。

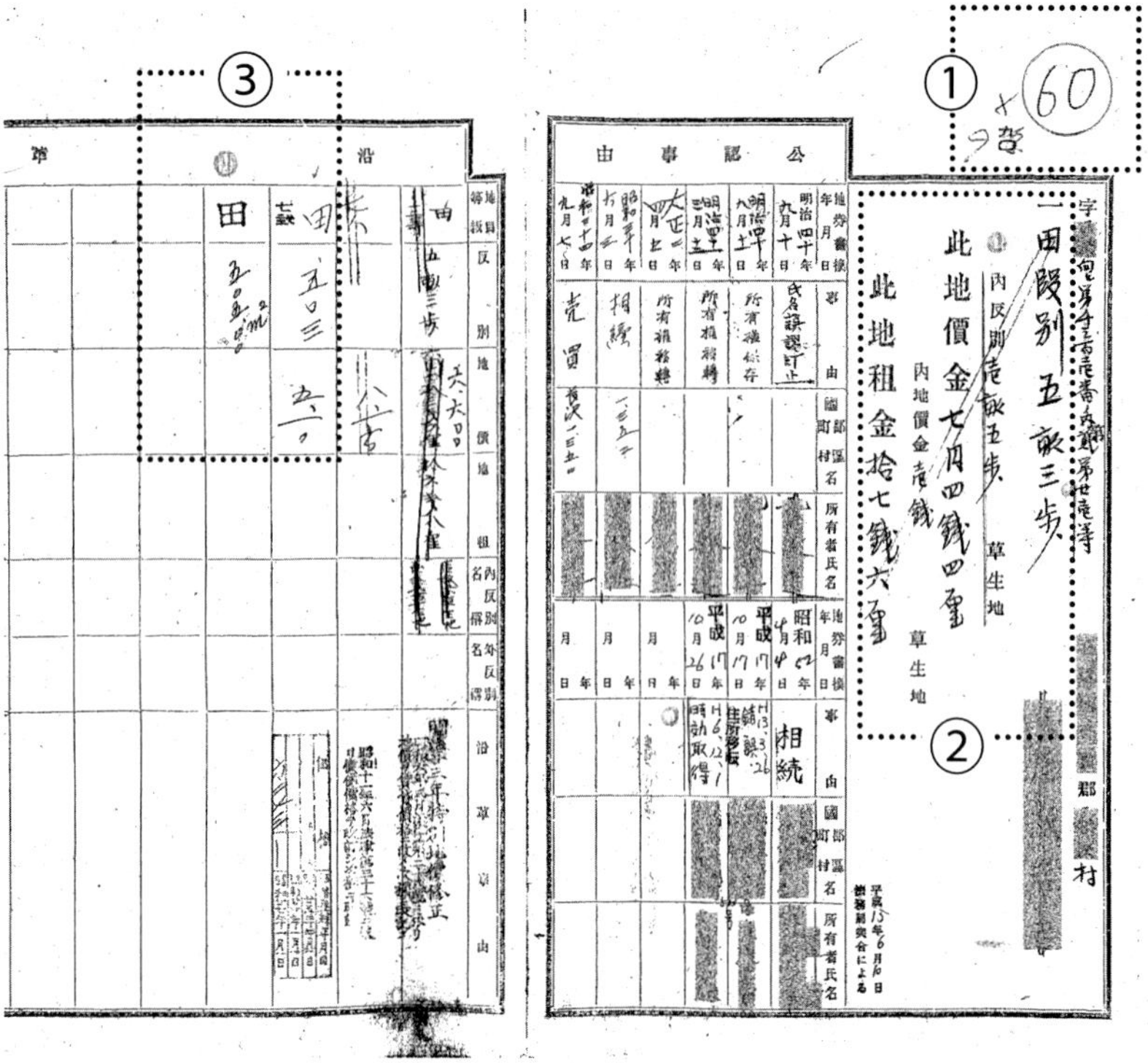

① ■連動公図番号：欄外右上の「90」「60」

→「明治公図 90 号」「公図地番 60 号」に対象土地が記載され、連動管理されていることを示す。

② ■課税欄（公認事由）

田反別五畝三歩

内反別壱畝五歩　　草生地

→「反別」は土地の面積を表す（1 歩は約 3.3㎡、1 畝は 30 歩）。
田の面積が 5 畝 3 歩。そのうち 1 畝 5 歩が草生地。

此地價金七円四銭四厘　内價金壱銭　　草生地

此地租金拾七銭六厘

→土地の価格は 7 円 4 銭 4 里。そのうち草生地の価格は 1 銭。地租（税金）は 17 銭 6 厘。

③ ■沿革欄

地目：田　　反別（面積）：505㎡

ただし、建物が密集した市街地などは地籍調査が困難なケースもあり、実際は調査が進んでいない場所が数多く存在します。このため、地籍調査が行われていない地域を管轄している法務局では、明治公図しか閲覧できないことがあります。

【閉鎖登記簿とは】

不動産の過去の情報を知る資料として、旧土地台帳の他に「閉鎖登記簿」があります。閉鎖登記簿は、いわば「公開対象から外れた、古い不動産登記簿」です。不動産登記簿が公開の対象から外れる理由は、いくつかあります。たとえば「土地が合筆されて地番が消滅した」「区画整理の際の換地処分で地番がなくなった」などです。

旧土地台帳と明治公図、公図は、主にその地域の法務局が管理しています。昔は税務署が管理していましたが、法務局は登記、自治体は税金を徴収する必要があるため、両者に同一の公図が配布されました。

土地所有者による登記変更申請等によって地番の変更が生じた場合は、法務局から自治体に通知され、自治体は業者に依頼をして公図の修正を行います。そのため、自治体と法務局の公図は一致していなければなりませんが、差異が生じた場合は、法務局の公図が正しいといえます。

旧土地台帳と、閉鎖登記簿の謄本と、公図（明治公図を含む）。

この3点にはいずれも公図番号が記載されており、連動して管理されています。

筆界特定手続番号　平成18年第5号・6号・7号の決定

私は自身の所有地1301番2（甲）と隣接する、1301番1（乙1）、1302番（乙2）、1301番2地先赤道（乙3）の筆界の特定を申請しました。

そして、次の決定が下されました。

標記の筆界特定の申請は、別紙理由書のとおり、対象土地が相互に隣接する土地とは認められないことから、申請人には申請権限がないと認められるので、不動産登記法第132条第1項第2号の規定により却下する。

理由書に書かれていたのは「地番1301番2は、正しくは1301番第1の位置に存在している」、ゆえに「乙1、乙2、乙3と接していないため、筆界特定を申請する権利がない」という内容でした。

別　紙

理　由　書

1　申請地の隣接土地について

(1)　申請人が主張する隣接土地関係

申請人の所有する[redacted]１３０１番２の土地（対象土地甲）の隣接地として，西側に同所１３０２番の土地（対象土地乙２），北側に同所１３０１番１の土地（対象土地乙１）及び南側に位置する里道（対象土地乙３）が存在するものであるとして，それぞれの筆界の特定を求めるものである（以下，地番のみで表示する。）。

(2)　筆界特定登記官が調査によって認定した隣接土地関係

申請人の所有する１３０１番２（添付の公図合わせ図（以下「公図合わせ図」という。）上では，「１３０１－第２」と表記）の土地は，南側に位置する里道（対象土地乙３）に沿って東側に移動した対側地の位置（公図合わせ図上では，「１３０１－第１」）に存在する。したがって，隣接地番は，北側に里道，南側に１３００番，西側に１３００番３が隣接地となる。

2　１３０１番２の位置について

(1) [redacted]地方法務局[redacted]支局保管の図

[redacted]支局の地図管理システムにより管理・公開されている地図に準ずる図面（以下「公図」という。）においては，申請人の添付する図と同じであるが，地図管理システムに入力前の和紙で作成された土地台帳附属地図（以下「台帳附属地図」という。）によると，１３０１番２の地番の記載について「千三百（以下不明）第二」（字「[redacted]家ノ前」）を「千三百一第二」と加筆により訂正されている。

(2)　[redacted]市役所保管の図

同市保管の課税図面（以下「課税図面」という。）も一見すると，対象地の位置関係は申請人の主張するとおりであるが，「１３０１番１」（公図合わせ図上，里道の北側に「１３０１－１」，里道の南側に「１３０１－第１」と表記）が，一方（公図上，南側の「１３０１－第１」）は貼り紙をして訂正していることから，訂正前の状況を確認するために貼り紙を剥がすと，訂正前は，「千三百一第二（字名「[redacted]向ヒ」）」（現在は，「第」は除いて表示される。）と記載されたものが「千三百一番第一」と訂正されたものであることが判明する。

(3)　課税図面における貼り紙による訂正前の地番「千三百一第二（字名「[redacted]向ヒ」）」については，２箇所の「草生地」が同土地の北側と南側の位置に隣接する。また，台帳附属地図及び訂正後の課税図面は，「千三百一番第一」（公図合わせ図上，１３０１－第１）の土地が２箇所の草生地を南側と北側に隣接していることになる。

(4)　しかしながら，２箇所の草生地を有する土地は，１３０１番２の土地であって，１３０１番１の土地は草生地を有していない。このことは，[redacted]支局及び[redacted]市役所保管の土地台帳において，１３０１番２の土地について「内反別壱畝五歩・草生地」の記載があることからも明らかである。

(5)　土地台帳及び台帳附属地図は一体のものであるから，土地台帳の記載において２箇所の草生地を有する地番は１３０１番２の土地であるので，同地番は草生地と隣接するものでなければならない。

3　１３０１番２が移動した後の地番について

[redacted]地方法務局[redacted]支局における台帳附属地図において，１３０１番２と記載のある土地は，字名が「[redacted]家ノ前」であり，同字を有する土地は１３０２番，１３０２番１及び１３０２番２の３筆であるところ，１３０２番１は，平成７年8月8日１３００番３に合筆登記されていること，また，１３０２番は公図上に記載されていることからすると，公図等に記載がなされていない土地である１３０２番２となる。

時効所得によって1301番2の所有権が私に移転され、私は1301番2の登記済み権利証も獲得しました。それでも「申請権限がない」という結論にするために、「1301番2は、実は1301番第1だった」と主張してきたのです。

筆界特定登記官の主張と反証①「草生地」との位置関係

この主張の根拠として示されたのが、法務局および市が保管する【1301番2】の旧土地台帳と明治公図です。

尾形筆界特定登記官は、現在の【1301番第1】の場所は、市が所有する明治公図93号において、かつて【1301番2】であったこと。修正によって【1301番第1】になったことを突き止めました。そして、この場所は2箇所の草生地と隣接しています。法務局が保管する明治公図93号でも、1301番第1は2箇所の草生地と隣接しています。

一方、1301番2は、法務局および市が保管する明治公図90号において、草生地と隣接していません。しかし、1301番2の旧土地台帳（44ページ参照）には、1畝5歩の草生地が存在することが示されています。

市の１３０１番第１の旧土地台帳はなぜか抹消されており、法務局においても閉鎖登記簿の謄本が抹消されていました。法務局の旧土地台帳を入手して調べたところ、１３０１番第１は草生地を有していないことが確認できました。

これらの資料から、尾形筆界特定登記官は「張り紙による訂正前は１３０１番２が、２箇所の草生地と隣接していた。訂正後は、１３０１番第１が２箇所の草生地と隣接する状態になった」という事実に対して、次のように結論づけました。

２箇所の草生地を有する土地は１３０１番２の土地であって、１３０１番１の土地は草生地を有していない。このことは、M支局及びH市役所保管の土地台帳において、１３０１番２の土地について「内反別壱畝五歩・草生地」の記載があることからも明らかである。

土地台帳及び台帳附属地図は一体のものであるから、土地台帳の記載において２箇所の草生地を有する地番は１３０１番２の土地であるので、同地番は草生地と隣接するものでなければならない。

これは、明らかな誤りです。

１３０１番２の旧土地台帳に「１畝５歩の草生地」の記載はありますが、「２箇所の草生地を有する」とは、どこにも書いていません。

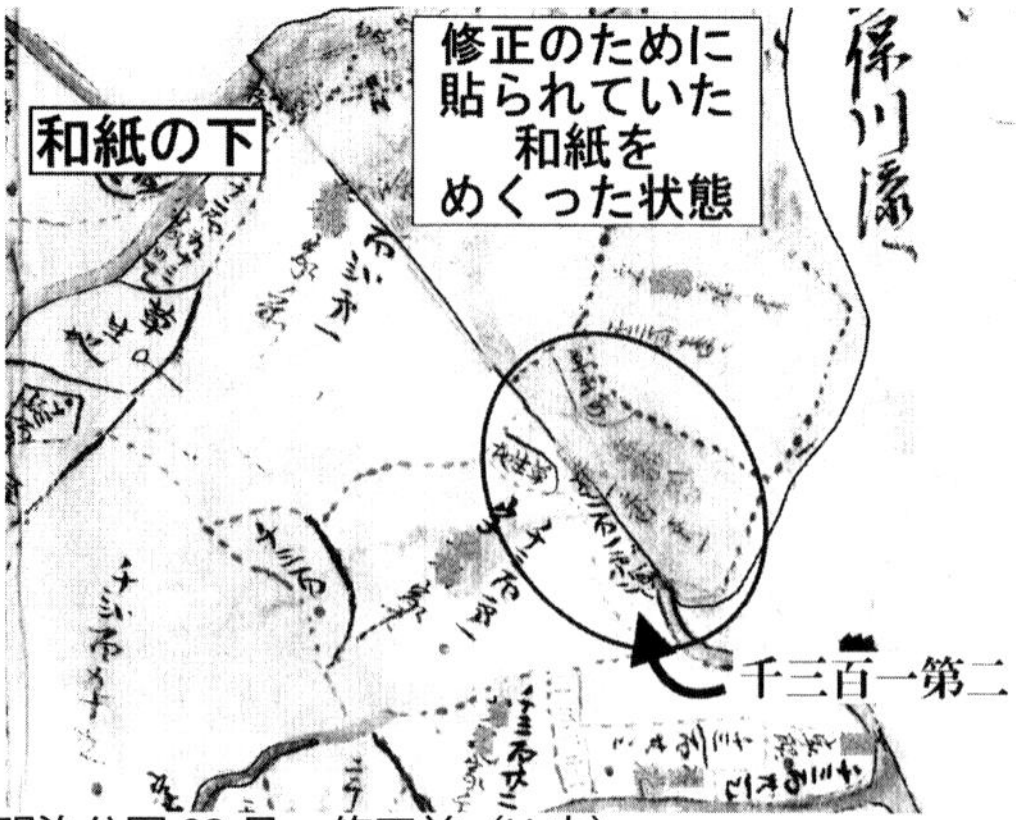

明治公図 93 号 _ 修正前（H 市）

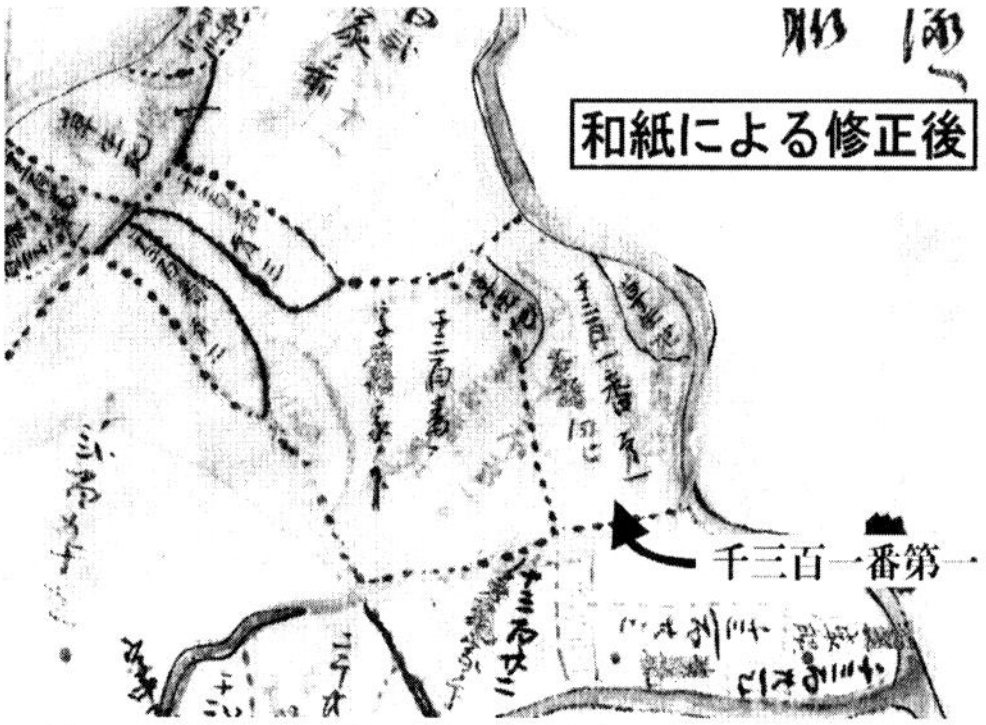

明治公図 93 号 _ 修正後（H 市）

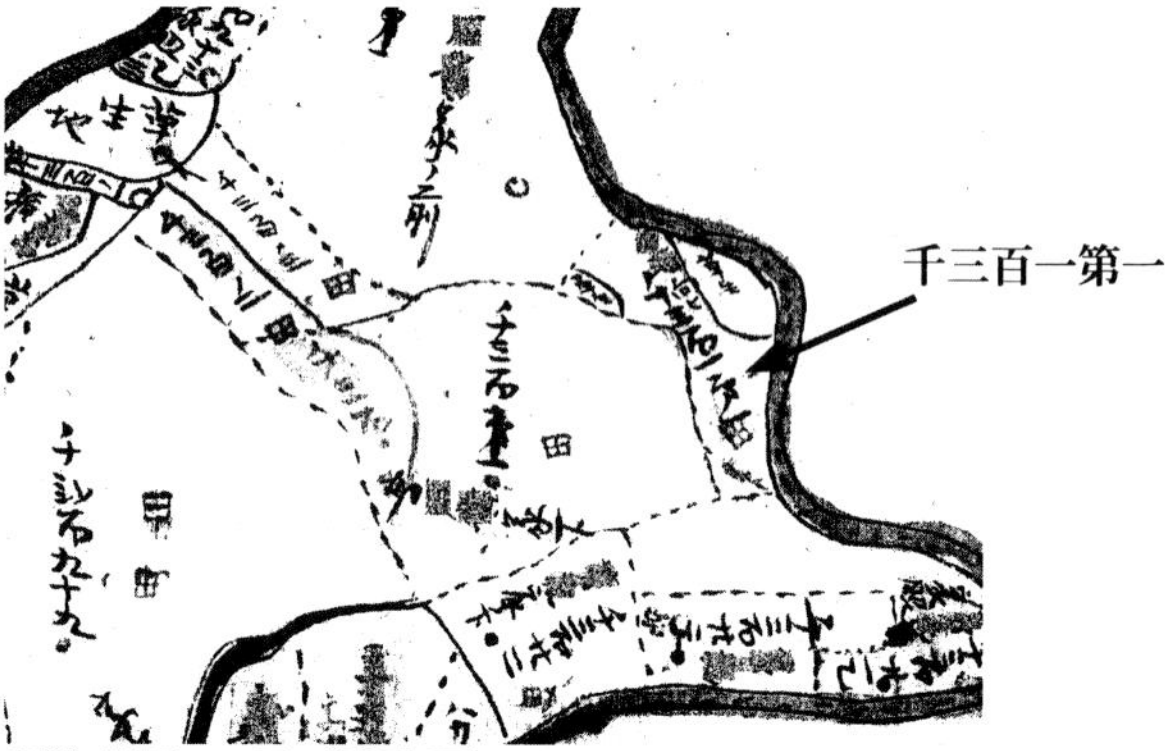

明治公図 93 号（法務局）

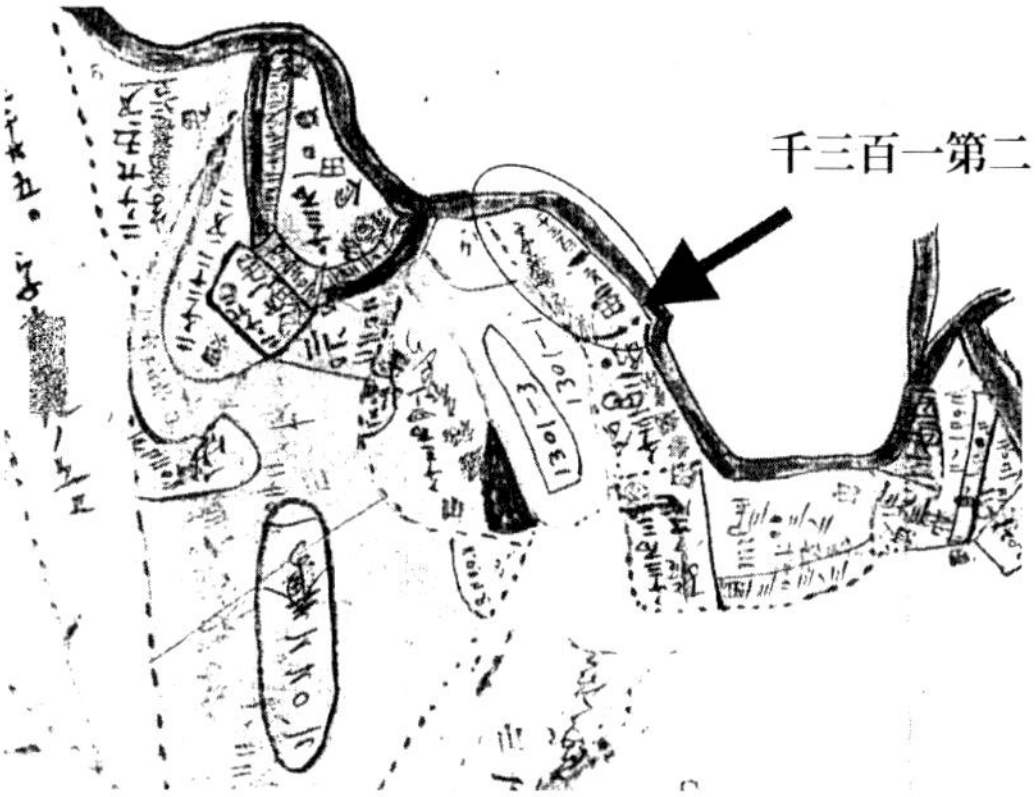

明治公図 90 号（法務局__訂正後）

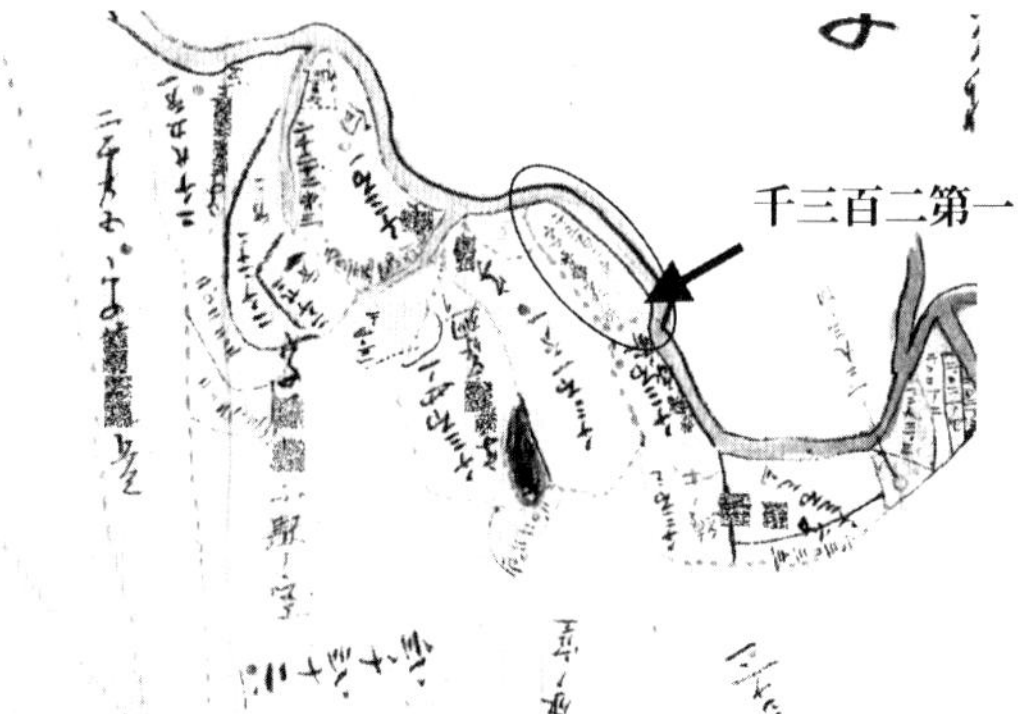

明治公図 90 号（H 市__訂正後）

※H 市が保管する明治公図 90 号では、なぜか「1302 第 1」と細字で記されていますが、1302 番 1 の旧土地台帳の沿革欄には「平成 7 年 8 月 8 日　1300-3 に合筆」と記載され、連動公図番号「63」に二重のバツ印がつけられて「合併」の押印がありました。1300 番 3 の旧土地台帳の沿革欄にも「平成 7 年 8 月 8 日　1302-1 を合筆」と記されているため、これは誤記であると考えられます。

【反証】２箇所の草生地は、旧土地台帳に記載されている内歩草生地ではない

１３０１番２の地目が「田」であることから、この内歩草生地は田畑を区切る「畦」または「畔」と考えられます。

畦畔は田と切り離すことができないにも関わらず別々に課税され、山間部は平野部よりも畦畔の面積が大きくなるために不平等が生じていた。この問題を解消するために、田と畦畔を一筆の土地として新たに評価する等級制度が導入されたという歴史的経緯が、法務局職員の教科書で説明されています（『増補版　土地台帳の沿革と読み方』友次英樹著 日本加除出版発行）。

１３０１番２の沿革欄には「田　三等」「田　七等」という記載があり、田と草生地（畦畔）を一つの土地として評価する等級制度に従って課税されていたことがわかります。

つまり「草生地を有する田」＝「草生地と隣接する土地」ではないのです。さらに、「草生地を有していない土地」＝「草生地と隣接していない」という認識も誤りです。

【反証】２箇所の草生地は所有者不明の無番地である

法務局が保管する明治公図９３号には、いくつかの草生地があります。その中で「１３００番３」の北西にある草生地のみ、めがね地記号で繋がっています。これは、この草生地が１３００

番３の所有者のものであることを示しています。

平成２５年に法務局から届いた通知書「平成１８年の筆界特定の決定を受けて地図訂正を行った」に添付された地図でも、めがね地記号が書かれていた草生地のみ１３００番３に含まれ、それ以外の草生地は「無番地」として、それぞれに番号がつけられていました。

無番地とは、いわば「国有地か私有地かわからない土地」です。１３０１番第１に隣接する２箇所の草生地は「無番地—３１９」「無番地—６０」と記されていました。この２箇所が１３０１番２の「内反別壱畝五歩　草生地」ではないことを、法務局の地図が証明しているのです。

【反証】１３０１番2から１３０１番第１への修正は、正規の方法で行われた

公図の維持・管理には、次のような取り扱いルールがあり

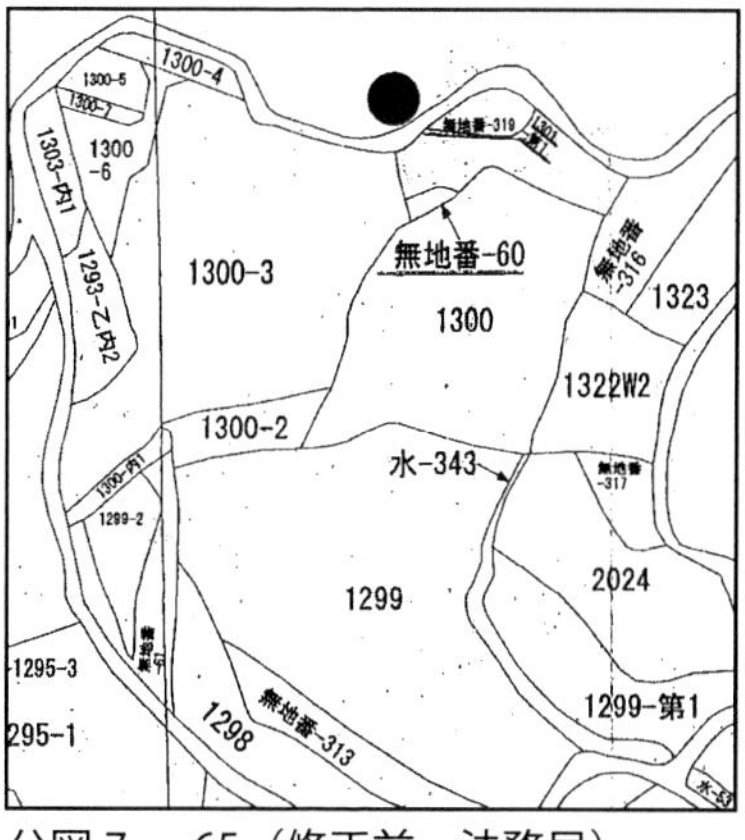

公図 7 － 65（修正前・法務局）

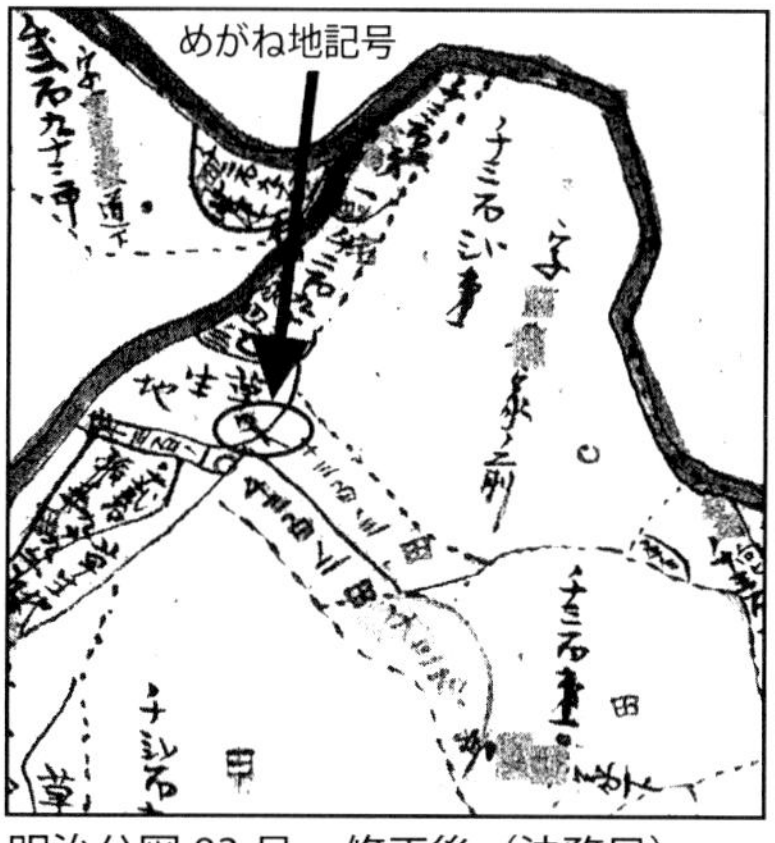

明治公図 93 号 _ 修正後（法務局）

ます。
・原本の表記を消さず、美濃和紙を貼って修正内容を記す
・細字で記載する
　H市が保管する明治公図90号の「1301番第1」は和紙を貼った後に細字で記載された番地であり、紙を剥がすと「1301番2」という原本の記載が確認できます。つまり「1301番2」から「1301番第1」への修正は、当時、何らかの理由によって正しいルールに基づいて実施されたことがわかります。
「草生地を有する田」＝「草生地と隣接する土地」という誤った認識によって、正規の手続きで行われた修正を無効にすることは、明らかに間違っています。

【反証】公図上の1301番2の位置は適切である
■1301番2の旧土地台帳は、明治公図90号、公図60号と連動管理されている
　1301番2の旧土地台帳には連動公図番号として「90」「60」が記載されており、両方に1301番2が記載されています。このため、1301番2の位置は、明治公図90号および公図60号に記載されている場所が正しいと判断できます。

■1301番2の閉鎖登記簿は、地図番号「う—7—62」と連動管理されている

1301番2の閉鎖登記簿の謄本を確認したところ、地図番号に「62」の記載があり、公図番号「う—7—62」に1301番2が記載されており、連動管理されていることを確認しました。これは明治公図90号、公図60号の場所と一致します。

■平成7年に受理された「国有地境界確定申請書」の書類に場所が明記されている

公図番号「う—7—62」に1301番2と記載された地番があり、手書きで「浜田正」と書かれています。

添付された写真の2枚目には、ハカに隣接する赤道をまたいだ場所に1301番第1の土地がありあます。3枚目の写真では、1302番1に隣接する赤道をまたいで1301番2の土地があると記しています。これは公図の位置関係と一致します。

■公図地番が公図をまたいで移動することは考えられない

それぞれの公図は、該当する地域で個別に測量を行い、作成された土地台帳を寄せ集めて作られたものです。だからこそ、土地台帳には公図連動番号が記されているのです。

1301—2　　　　　　　　　　　　　　　　　第6号証の2

表題部（土地の表示）	
所在	[redacted]
①地番	壱参〇弐番
②地目	田
③地積 ha 町 / 反 / a 畝 / ㎡ 歩（坪）	~~五〇参~~ 五〇五㎡
原因及びその日付	平方メートルに書替
登記の日付	昭和六参年法務省令第三十七号附則第二条第二項の規定により移記 平成壱参年九月壱九日閉鎖

枚数
1
2
3
6
7
8
9
10
11
12
13
14
15
地図番号

丁

(62)

閉鎖登記簿 1301 番 2

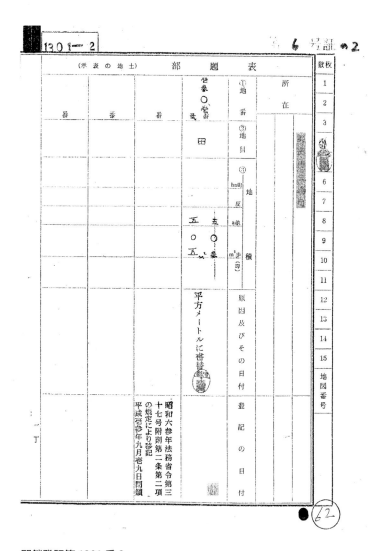

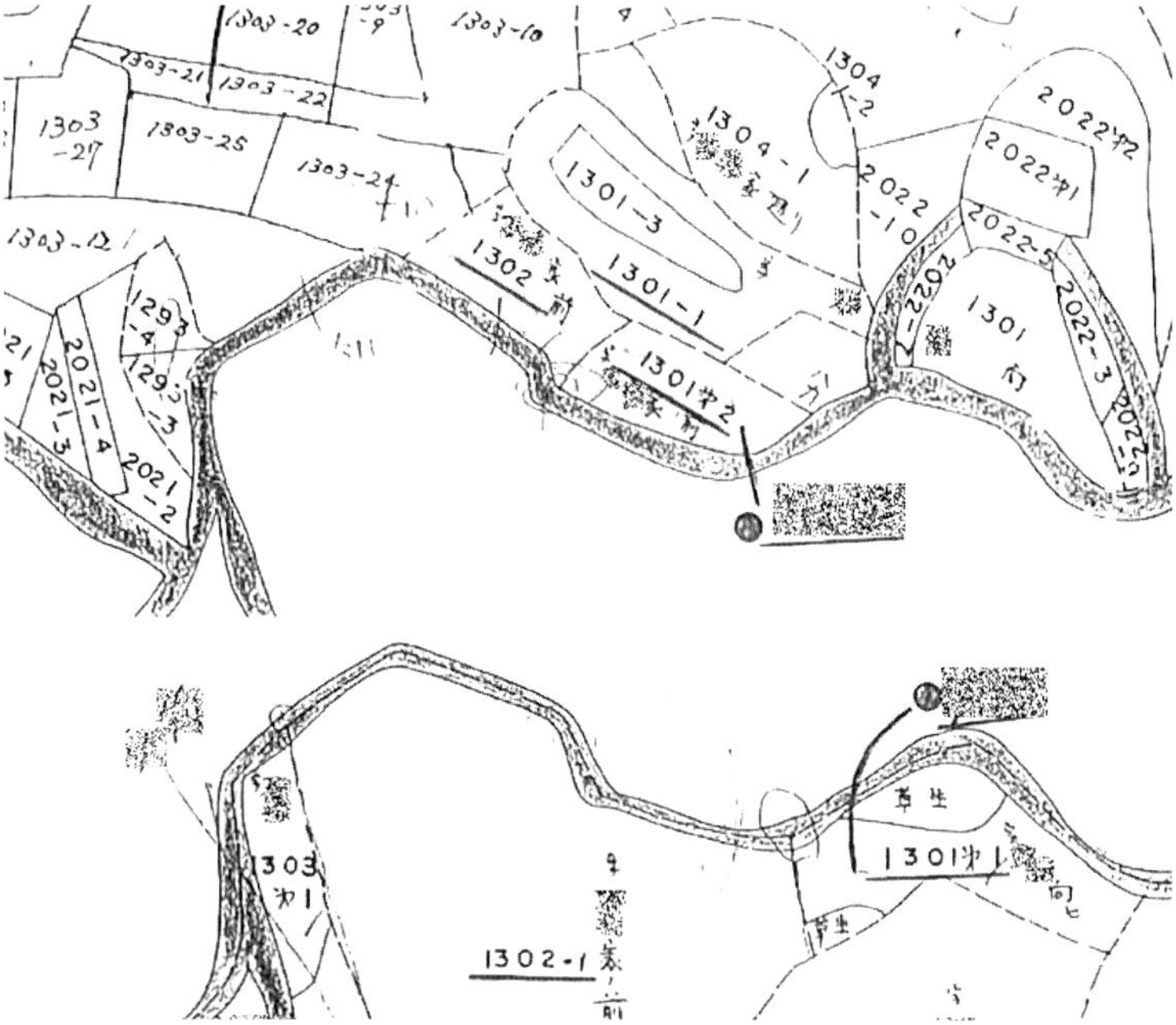

公図う－ 7 － 62（上）　う－ 7 － 65（下）（H7 国有地境界確定申請書資料）

H7 国有地境界確定申請書資料　偽装写真

１３０１番２の旧土地台帳に記された公図連動番号は、「９０」と「６０」です。これは、明治公図９０号と公図６０号が作成される際に、１３０１番２の旧土地台帳の情報が含まれたという証拠です。

このような経緯からも、１３０１番２が別の番号の公図に移動することは考えられません。加えて、M地方法務局H支局登記官S氏、H市職員のS氏、M市の土地家屋調査士２名も「公図地番が公図をまたいで移動することは考えられない」という見解を出しています。

筆界特定登記官の主張と反証②「公図上の1301番2」の地番について

尾形筆界特定登記官は、１３０１番２が１３０１番第１に移動した後、もとの１３０１番２の地番がどうなるかについても、誤った判断をしています。

M地方法務局H支局における台帳附属地図において、１３０1番2と記載のある土地は、字名が「●●家ノ前」であり、同字を有する土地は１３０2番、１３０2番1及び１３０2番2の3筆であるところ、１３０2番1は平成7年8月8日１３００番3に合筆登記されていること、また、１３０2番は公図上に記載されていることからすると、公図等に記載されていない土地である1302番2となる。

しかし、1301番2と1301番第1が、現在の公図の位置から移動することはありません。

それは、次の事実から明らかです。


【反証】地番についている字名から土地の場所を決めることはできない

地番についている字名は、「地名」か「所有者の姓」か、どちらが由来となっているのかが不明であることから、「字名から土地の場所を判断できない」ために廃止になったという歴史的経緯があります。そのため、字名を根拠に土地の場所を決めることは、明らかに不適切です。

【反証】公図上の1301番第1の位置は適切である

■1301番第1の旧土地台帳は、明治公図93号、公図番号「う―7―65」と連動管理されている

法務局の1301番第1の旧土地台帳では、連動公図番号に「90」「93」が記載されており、93には二重線が引かれています。閉鎖登記簿には「65」「62」の記載があります。

明治公図93号、公図番号「う―7―65」に1301番第1の記載があり、両者の場所は一致しています。

■1301番第1はめがね地であった

法務局の明治公図90号の「1301番1」と「1301番3」には和紙を貼った修正が行われており、和紙を剥がすと「1301番第1」と記載されていました。市が保管する明治公図90号では、修正前の状態で保管されていました（51ページ参照）。

「1301番1」の旧土地台帳および閉鎖登記簿を確認したところ、昭和48年にこの分筆が行われたことがわかりました。

1301番第1の旧土地台帳の公図連動番号に「90」と「93」の二つの記載がある。このことから、1301番第1は以前、90号と93号の両方に存在するめがね地（※）であったことがわかります。「90号記載の1301番第1」が分筆された際、「93号記載の1301番1」の地番はそのまま残しておいた——そのように推測できます。

加えて「1301番1」の旧土地台帳に記された連動公図番号は「60」「63」「90」。閉鎖登記簿の謄本に記された地図番号は「65」「62」。1301番1は明治公図90と、公図番号「う—7—62」に記載されており、場所は一致しています。また、めがね地の1301番第

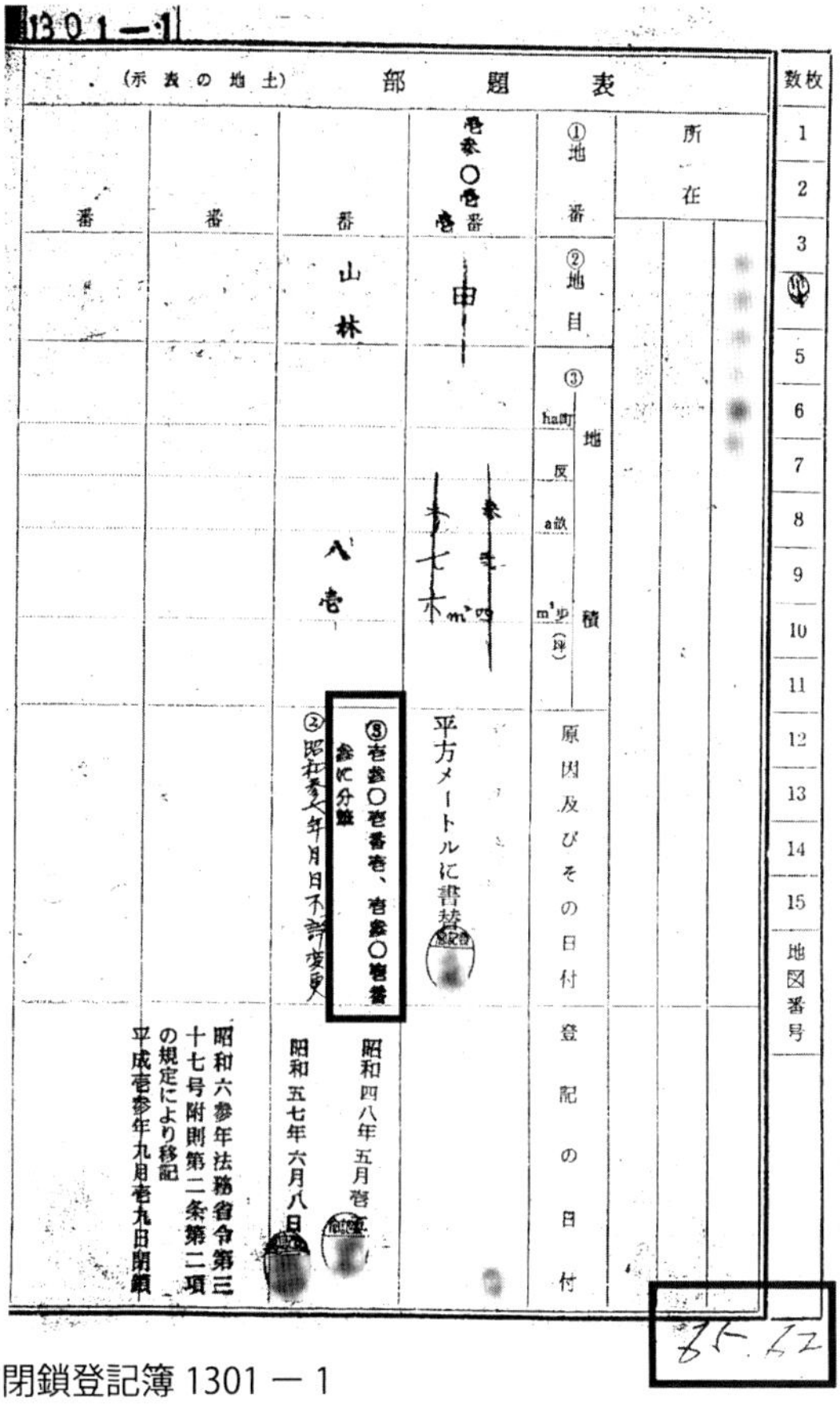

閉鎖登記簿 1301 ― 1

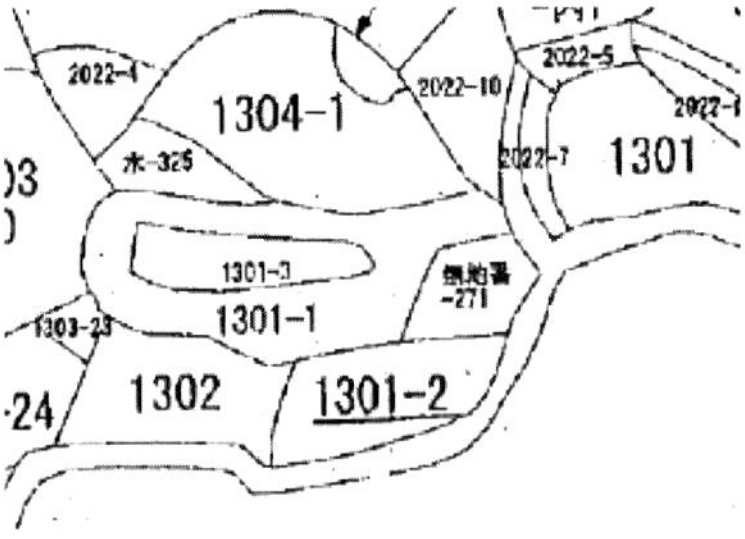

公図う― 7 ― 62

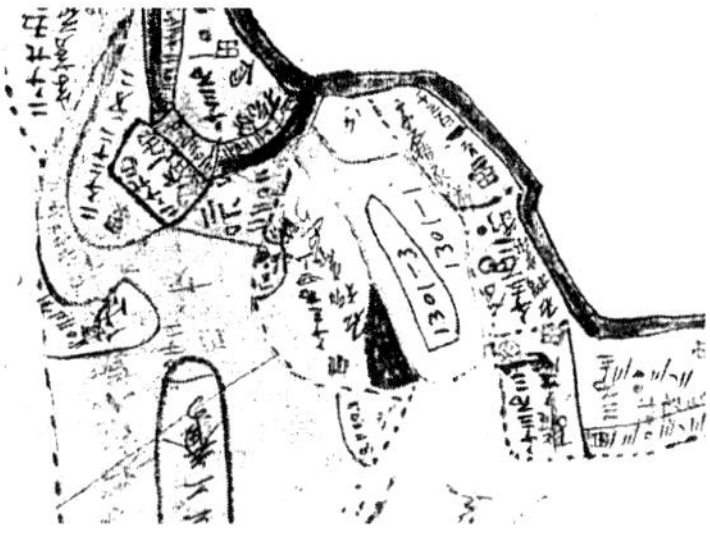

明治公図 90 号（法務局＿修正後）

1が「う—7—65」に記載されていることから、閉鎖登記簿の謄本の地図番号との整合性を確認できます。

※めがね地とは

調査・測量の結果、1筆の土地が道路や畦畔、水路等を挟んで（飛び地として）存在することが判明した場合、別の地番を付けず、一体の土地であることを示すために、土地に関する作図上の慣行としてメガネ印 ○）○ などで両者を結ぶことがあります。これがめがね地と呼ばれるものです。

このような登記をそのまま残しておくことは許されず、必ず分筆の登記をしなければなりません。登記所も申請人に対して分筆登記をするよう指導し、その解消を図っています。

ただし、公図をまたいでめがね地がある場合、めがね地記号は記載されません。

【反証】筆界特定の制度に従って進行されていない

尾形筆界特定登記官から「資料を見たか」と電話で確認されたこと、見ていないことを伝えると怒って電話を切ったことから、私がいない場所で筆界特定の調査資料や状況報告等の書類が配布されたり、会合が行われたりしていたのだと察しました。

　そこで、法務局に筆界特定の資料開示請求を行いました。その中には「取扱注意」と記載された資料があり、その資料だけはコピーができなかったため、全ページを写真に撮り、画像データを保存しました。

■筆界調査委員の意見書を無視している
■筆界調査委員の辞任後、再任されていない

「6　打ち合わせ結果」には、地元委員（谷村土地家屋調査士）から次のような助言が行われていたことがわかりました。

「過去の経験則からすれば、対象土地甲付近の公図は非常に精度が悪く、現地と公図の整合性が非常に困難であるとともに、現況が公図に反映されていないことが多い」

　この後、地元筆界調査委員2名は辞任。ところが筆界特定登記官は再任者の要求を行わず、辞任した筆界調査委員の意見を無視して決定を下しました。

　筆界特定の決定から数年後、谷村土地家屋調査士を訪問し、当時の見解について尋ねたところ、次のように答えました。

「台帳附属地図・地図は縮尺も不明であり、現地と公図の整合性がとれるようなものではないため、筆界特定は不可能と判断して辞任した」

「土地を個別に測量して土地台帳を作成し、土地台帳を寄せ集めて一枚の公図が作成されるため、公図に書かれた地番が公図をまたいで移動することは考えられない」

■現地調査で、当事者と関係者が立ち会う機会を与えない

「7　現地調査結果」には、次のように書かれていました。

対象土地甲を含む近隣関係土地は、別添現地写真に示す辺りであると思われるが、正式な事前調査としての通知を発出していないことから、私有地に立ち入ることは行わず、道路部分から全体を見て、概略を把握する程度とした。

なぜ「正式な事前調査としての通知」を出さなかったのか、その理由を明らかにしていません。現地調査は、当事者と関係者の立ち会いを拒んではならないというルールがあります。しかし、通知なしに実施されれば、そもそも調査に立ち会うか否かという選択肢すら得られません。1301番2の場所と境界の調査が「当事者も関係者もいない状態」で行われることは、明らかに不適切です。

■申請者と関係者に対し、意見書提出の機会を与えない

私は筆界特定申請を委任した橘弁護士に、意見書の提出を申し出ました。しかし「そんなものは必要ない」と拒まれ、提出の機会を与えられませんでした。

その他にも、橘弁護士は申請人の代理人としての職務を全うしていません。

- 筆界調査員2名が辞任しても再任要求や意見書提示要求を行わない。
- 現地調査の立ち会いを要求しない。
- 筆界特定登記官から資料が送付されても依頼人に渡さず放置。
- 決定理由に根拠がないのに何も指摘せず、依頼人の見解を求めずに容認。

橘弁護士がこのような態度をとった理由について、「今後の対応について」という項目に気になる記述がありました。

申請人の代理人が弁護士であることから、支局備付け公図記載の誤りについては、一定の理解が得られるものと考えるが、その余の対応については想定できないこともあることから、筆界特定委員に喜多田敏和弁護士（Y市）が専任されていることから、同人をこの度の担当委員に追加指定し、筆界特定登記官を含め同人から代理人に対し取下げ等を促してもらうこととしたい。

私に対する申請取り下げの提案等はありませんでしたが、申請人の代理人である橘弁護士と、法務局顧問弁護士の喜多田弁護士との間で、密談が行われていた可能性は否定できません。

■現地の状態は「急傾斜地」であり「田」に適していない

現地調査については、次のように記述されています。

対象土地甲は、道路番号[redacted]S線の南側(雑草が生い茂った急傾斜地)であると推定される。

私が地目変更をする前、１３０１番２は「５０５㎡」の面積を有する「田」でした。その土地はかつて田んぼであり、稲作が行われていたのです。

現地を確認して「急傾斜地」であると認識したのなら、そこに水田が作れないことは火を見るよりも明らかです。また、一見して５０５㎡もない狭い土地であることがわかり、その場所を航空写真測量すると、２箇所の草生地を含んでも「外周７８・５ｍ、面積約３４３・２７㎡」と算出されました。加えて、周囲に水路や水源もありません。その場所が「地目　田」の土地であるといえる根拠は一つもないのです。

Ｈ市と法務局の公図の管理状態が異常

①明治公図９３号の違い

明治公図９３号について、法務局が管理しているものと、Ｈ市が管理しているものを比較すると、和紙を貼って修正された後の状態に違いが見られます。

■Ｈ市が管理している明治公図９３号

・「１３００番３」と「１３００番２」の間に、無番地の土地が存在する。

・訂正用の和紙を剥がすと、原本の「１３００番３」「１３００番２」「１３００番」の境界や範囲が消されており、判読不可能な状態。

・「１３００番３」「１３００番２」「１３００番」の境界が、法務局が管理する明治公図と異なる。

■法務局が管理している明治公図９３号

・「１３００番３」「１３００番２」「１３００番」が隣接しており、無番地の土地は存在しない。

・「１３００番３」「１３００番２」「１３００番」の境界が、Ｈ市が管理する明治公図と異なる。

②旧土地台帳や公図表記の違い

1301番2だけではなく、1301番第1や、隣接する土地に関しても、H市と法務局では資料に違いが見受けられます。谷村土地家屋調査士が、筆界調査委員として「対象土地甲付近の公図は非常に精度が悪く、現地と公図の整合性が非常に困難であるとともに、現況が公図に反映されていないことが多い」と意見していたように、公図の管理状態が異常です。

土地の分筆等の修正が発生した際、法務局の登記済み通知書に基づいてH市が年に一度、委託業者に依頼をして現公図の修正を行うはずですが、それが実施されていないかのような状態です。

明治公図は、法務局が管理する公図が「正本」であり、自治体が管理する公図は「課税資料」とみなされています。このため、明治公図で自治体所有のものと法務局所有のもので差異があった場合、自治体所有分が正しいという証明はできません。

この差異についても「取扱注意」の資料では「10　却下について」という項目で次のように記されています。

本件申請の却下理由として、支局備付け公図が地図訂正などの処理がなされていない状況で、審査請求等がなされた場合の対応として、確実に支局備付け公図が誤りであると言い切る必要があるものと考える。

また、支局備付け公図の記載が誤りと言い切った場合、登記官がそれなりの確証を得たことから、職権による地図訂正を求められることも想定されることから、今後の対応を慎重に行う必要があるものと考える。

私の筆界特定申請を却下するために、正本である支局備付け公図が「誤りであると言い切る必要がある」というのです。さらに、筆界特定登記官が土地の場所を決定したのなら、地図を訂正するのは当然の流れであるにもかかわらず、なぜ「対応を慎重に行う」必要があるのでしょうか。

１３０２番２の位置を検証する

１３０２番２はなぜ、公図に記載されていないのか。

旧土地台帳には公図連動番号が記載されていないため、脱落地であると考えられます。Ｈ市の明治公図９３号にも、１３０２番２は記載されていません。

しかし、１３０２番２には所有者がいます。古河氏です。昭和５５年に家督相続によって所有権を得ていますが、公図にも地図にも掲載されていない状態を放置していました。今回の決定についても何も意見を述べることはなく、彼が１３０２番２の所有権を主張したのは、平成２８年の筆界特定申請の時が初めてです。

Ｈ市の明治公図９３号では、１３００番2と１３００番3は、和紙の貼り付けによって修正されており、和紙を剥がすと原本が消されて判別がつかない状態になっていました。つまり、正規の方法に則った修正ではない、不正な修正が行われたと言えます。

加えて、１３００番2と１３００番3の間に、番地が記載されていない土地があります。もし、この「番地が記載されていない土地」が１３００番3で、１３００番3と記載されている場所が１３０２番2であれば、古河氏が地図訂正を行わなかった理由に説明がつきます。どちらも古河氏の所有地だからです。

そこで、原本から消された場所に１３０２番1があり、その北側に１３０２番があると仮定します（１３０２番1は平成7年に１３００番3に合筆され、その後１３００番3、4、5に分筆）。

隣接土地所有者立ち会いのもと、１３０２番・１３０２番1・１３０２番2・１３００番3の土地の境界を確認。専門業者に航空写真測量を依頼し、旧土地台帳に記載された地籍の合計値と比較をしてみました。すると、次のような結果が得られました。

旧土地台帳に記された、古河氏所有地の地籍合計値↓１６７１㎡

航空写真をもとにした測量結果↓１９４９㎡

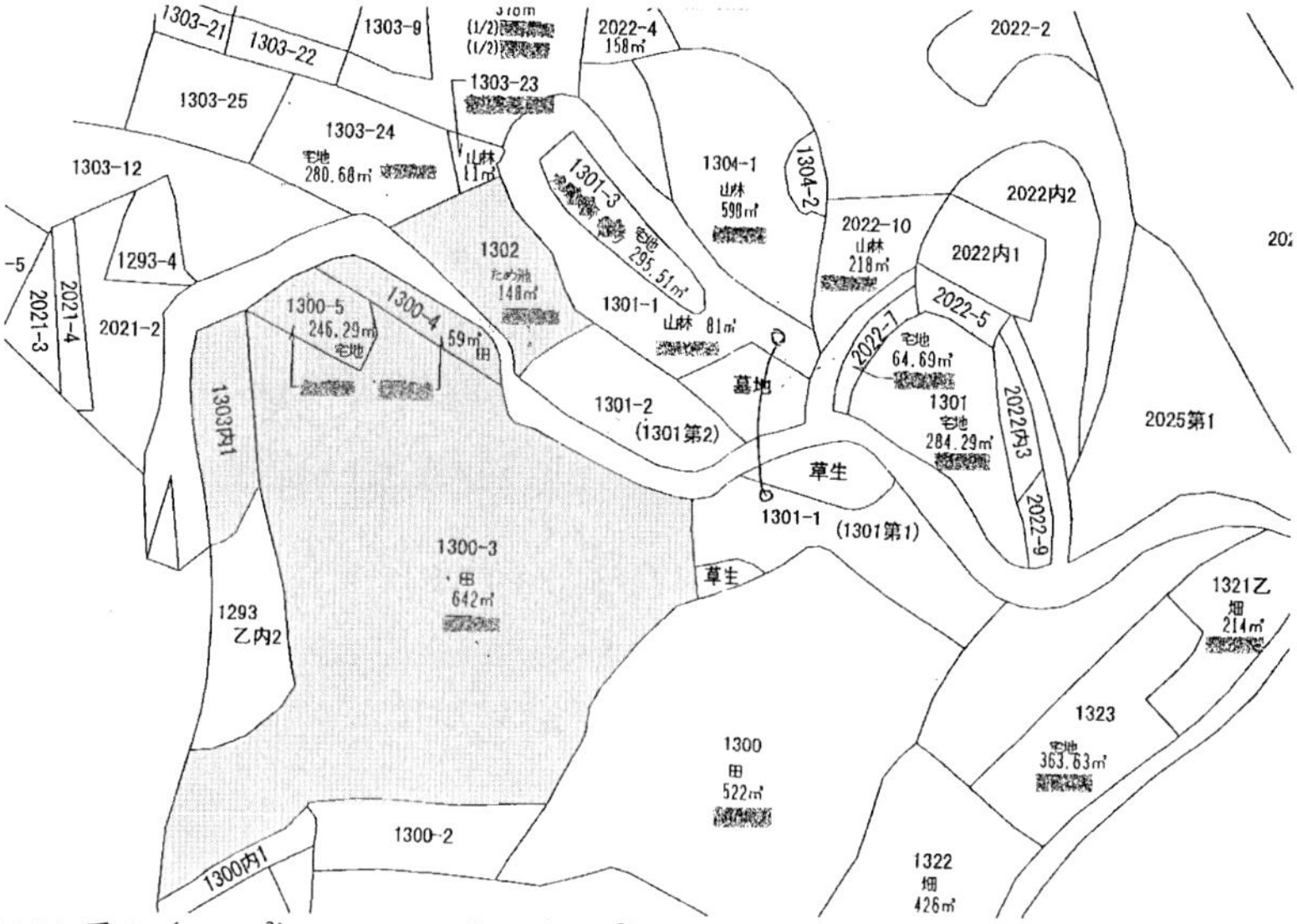

1300番3（642㎡）＋1300番4（59㎡）＋1300番5（246㎡）＋
1300番6（448㎡）＋1300番7（80㎡）＋1302番（148㎡）＋
1302番2（138㎡）＝1671㎡

航空写真をもとにした測量結果：1949㎡
山間部の田は10～20%多くなる傾向があるため、再計算すると1728.32㎡になる

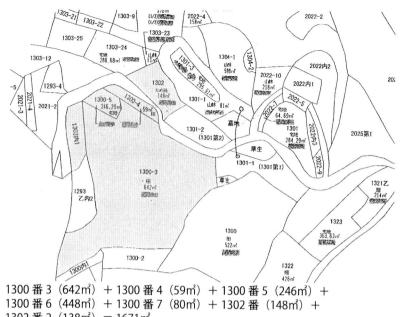

ただし航空写真測量は、山間部の田は１０～２０％多くなる傾向があるとのこと。その誤差を考慮して再計算したところ、面積は１７２８・３２㎡となります。

この地籍の合計値と航空写真測量結果は、１３０２番２の土地が明治公図９０号ではなく、９３号にあるという私の主張の裏付けになります。正確な位置の特定はできずとも、地籍の数字からある程度はエリアを絞り込むことが可能なのです。

この決定は、平成7年にH市の職員が「必要書類が揃っていないため法的効力を持たない書類」で公図変更の手続きに来た際、法務局の職員が「安易に許可してしまった」ことを隠蔽するためのものです。

公図変更の手続きは、古河氏が赤道（国有地）および１３０１番2の土地の一部を不動産侵奪したうえで転売したという事実を隠蔽するためのものです。

犯罪行為を隠蔽するための虚偽公文書作成罪（偽りの内容の文書・図面を作る罪）および公務員職権濫用罪（公務員がその職権を利用して不正に利益を得ようとする行為の罪）にあたります。

私は古河氏、H市市長、裁判官の不正に対する告訴状を提出しました。それらが不受理・不起訴となったため、境界確定訴訟を決意しました。

第3章　境界確定訴訟

平成１８年の筆界特定は、誤った判断である。

それを明らかにするため、前章で述べた反証と、新たな証拠をもとに、境界確定訴訟を起こしました。

相手はこちらの証拠を認めないために、さらなる嘘を重ねてきました。嘘に嘘を塗り重ねることで、どんどん矛盾が広がっていきました。

平成１８年の筆界特定結果に対する境界確定訴訟を行う

境界確定訴訟は、境界に関する争いを解決するための訴訟手続きです。裁判所が当事者双方の言い分を聞いたうえで現地にて検証を行い、客観的な視点から土地の境界線を決定します。

私はH市長を相手に、境界確定訴訟を起こしました。

訴状には、次の新たな証拠を添付しました。

隣接地所有者の「証明書」

平成19年2月28日、私は次の「証明書」を作成しました。

「岡崎善二が、1301番1のめがね地1301番第1の土地について、1301番1である事を申出することについて異存はない。」

隣接地1300番と1300番3の土地所有者である萱内氏と古河氏に、この文書を携えて訪問。内容を説明し、同意してもらえるのであれば「同意する」のチェック欄への記入と実印による捺印、印鑑証明書の手配をお願いしました。

結果、隣接地所有者の2名の同意と、萱内氏の捺印（印鑑証明書添付）を得ることができました。

証　明　書

[redacted]１２９５－２[redacted]が、[redacted]１３０１番１のめがね地１３０１番第１の土地に付いて、１３０１番１である事を申出することについて異存はない。

平成１９年２月28日

[redacted]１３２３

接続地１３００土地所有者

[redacted]　実印[redacted]

☑ 同意する

□ 同意しない

理由

[redacted]１３５６－４

接続地１３００番３土地所有者

[redacted]　実印

☑ 同意する

□ 同意しない

理由

農業委員会の土地台帳

平成19年3月31日、H市農業委員会の土地台帳検索システムで「1301番2」の土地台帳を入手。その記載内容が、税務課の課税台帳と同一であることを確認しました。H市農業委員会は、筆界特定の決定とは異なる認識を示しているという証拠です。

現地確認の実施

3カ月後の5月22日、裁判官鐘沢隆夫氏の主導のもと、現地確認が実施されました。出席者は次の通り。

・裁判官　鐘沢隆夫、書記官2名
・H市職員　笹井三雄課長、鈴木暁生管理係長、担当者、建設企画課（調整室）羽田優
・岡崎善二、岡崎剛正、浜田ミヤコ

なぜか古河氏は参加せず、裁判官も出席を指示しませんでした。
私が筆界特定で1301番2と決定された場所を教えると、鐘沢裁判官は
「あの土地のことはよく知っている。1301番2ではない」

との見解を示しただけで、現地調査は終了。H市の職員も、筆界特定された土地が「1301番2ではない」と言われたにもかかわらず、一言も意見を出しません。

何とも異様な調査でした。

判決の言い渡しがある予定の日、私は用事があって市役所に赴きました。そこで偶然、H市側の弁護士と会い、「判決を聞いたか」と質問されました。「まだ聞いていません」と正直に伝えると、不思議そうな表情を浮かべました。

おそらくこの時点で、H市側には判決が届いていたのでしょう。しかし、私には何も連絡がありませんでした。

その後、鐘沢裁判官は判決の言い渡しをしないまま異動となり、引き継いだ裁判官は現地調査の見解を無視。古河氏の陳述書を全面的に受け入れ、平成18年の筆界特定で決定された土地の位置と境界は変わりませんでした。

敗訴となりましたが、古河氏の意見には何も根拠がなく、それを認めた裁判官の判断もひじょうに苦しいものでした。

16
筆界特定申請による「[redacted] 1301-2」の位置

筆界特定申請による「[redacted] 1301-2」の位置

現地確認の様子

古河涼介氏の陳述書の矛盾と反証

平成２０年１１月５日付で、境界確定訴訟に関する古河氏の陳述書（副本）が届きました。古河氏は自身が正しく赤道の位置を把握していること、その赤道を含む係争土地の所有権を得ていることの根拠として、次のように述べています。

①中学・高校の頃、田植えの時期や稲刈りの時期など、年に数回は本件係争土地に行って農作業を手伝っていた。

②赤道の場所を中心に自動車道路の建設工事が始まり、本件係争土地の棚田や畑の一部が道路敷地となった。自動車道路完成後、当該赤道部分は赤道としての機能がなくなったことから、自動車道路建設のために土地を提供することに同意した時点で、自分の土地との交換で、赤道としての機能がなくなった部分の所有権を取得したものと考えていた。

③昭和５６年頃、自動車道路を挟んで本件係争土地の反対側の土地（畑・山林）について造成工事が行われた際、工事から出た土砂を、本件係争土地を含む所有地の田と一緒に埋め立てた。その結果、１３０２番の田と同じ高さに造成し、１３０２番の田も含めて宅地化したため、完

全に赤道部分は道としての機能を失った。
④昭和３０年代に自分の土地を自動車道路敷地として提供すると同時に、当該赤道部分について交換契約が認められたと考えていた。書面等は作成していないが、仮に赤道部分について交換契約が認められていないとしても、すでに２０年以上が経過しているため、時効取得している。

赤道部分の払い下げ手続きの書類（国有地境界確認申請）を作成したのは、あくまで赤道部分を自分名義にするために必要な手続きとして行った。

⑤原告である岡崎氏や、岡崎氏の土地の前所有者である濱田氏は、当該赤道部分について、自動車道路が完成した後に道として使用することはなく、何ら利害関係のない人物である。

【①への反証】畑仕事を手伝った事実はなく、赤道の位置も周辺住民と一致しない

古河家の畑仕事を手伝っていた町民は皆、古河氏が手伝っていたところを見たことがないと言っています。私の祖母が「息子に手伝わせてはどうか」と、幾度となく勝美さんに言いましたが、そのたびに「息子は手伝いません。うちの土地がどこにあるのかさえ知らないでしょう」と答えていたのを、私は子どもの頃に何度も耳にしました。

また、自宅から田畑に行く際に通っていた赤道についても地図で記載していますが、これは萱内さんが認識している萱内家・米山家・濱田家の土地の境界および赤道の位置と一致しません。私の子どもの頃の記憶とも一致しませんし、係争地の向かい側に住んでいる小森さんの認識とも合っていません。

【②への反証】古河家の所有地は道路敷地になっていない

古河家の所有地の一部が道路敷地になった、土地を提供したという事実はありません。古河家の所有地は敷地に含まれていませんでしたし、道路提供者リストにも記載されていません。勝美さんまたは古河氏が土地を提供したという話は、誰も聞いたことがないのです。

【③への反証】１３０２番に赤道の境界を示す杭はない

平成２９年６月、私はパワーショベルの免許を取得し、該当箇所の地面を掘り起こしました。古河氏は「１３０２番の造成工事が行われた際、その土砂を田と一緒に埋め立てた」と述べました。しかし、出てきたのは産業廃棄物であるアスファルトや、造成地の土とは異なる種類の土でした。加えて、赤道の境界を示す杭も出てきませんでした。

さらに、造成工事を行った業者を探し当てて直接訪問し、土砂を１３０２番の田に埋めたかどうか尋ねたところ「そこには埋めていない」という証言を得ました。
①②③の正当性が認められない以上、④と⑤の主張にも正当性はありません。
私は反論し、最高裁まで上告を続けましたが、判決が覆ることはありませんでした。

産業廃棄物を不法投棄して赤道の埋め立てが行われたことについて、H市環境課に連絡しましたが「既に時効だ」と、対応してもらえませんでした。

告訴を封じられる

その後、告訴はたらいまわしにされました。

まず、最高検察庁検事総長宛てに告訴状を提出しに行きました。すると、

「最高検察庁は捜査機関ではないため、警察に提出してください」

と言われたため、後日、警察庁長官に告訴状を提出しに行きました。

「警察庁は捜査機関ではないので告訴を受理できません。最寄りの警察署またはS県警本部に相談してください」

仕方なく、S県警本部長に告訴状を提出に行くと、何も伝えていないのに別室に連れて行かれ、

「この問題はH署の問題だ、H署に行きなさい」

と言われ、署長と話すこともできずに追い返されました。

H署に告訴状を提出に行くと、やはり何も伝えていないのに3名の警察官がやってきて、別室に連れて行かれました。

「この件は裁判所の問題だ。裁判所に行きなさい」

そう言って、告訴の趣旨すら聞こうとしません。

その足でM地方裁判所H支部に行くと、今度も何も話していないのに所長らしき人物が小走りでやってきて
「この問題は捜査機関である検事・警察の問題だ」

と、追い返されました。

私の顔と名前、そしてどのような訴えをしているのかが完全に把握され、不受理になるどころか、告訴状の提出すらできない状態になってしまいました。

平成１８年の筆界特定の反証を整理する

告訴が封じられてしまってから、約1年半後。

私は陳情書の送付を続けながら、別の方法を模索していました。そして、もう一度筆界特定申請を行うための準備を開始しました。

平成21年7月9日には、税務課資産税第二係の係長と主事に、１３０１番1と１３０１番2の土地に関する過去の経緯を説明した上で、課税の見直しに関する相談をしました。

その際、法務局とＨ市が所有する明治公図について質問し、次の回答をもらいました。

「１３０１番1と１３０２番の地番についている字は、地名からとられたものか、家からとられたものかが不明であるため、字から現地がどこにあるか判断することはできない」

「税務課では、公図の位置関係が正しいものであると証明することはできない」

「法務局が所有する明治公図が正本であり、Ｈ市所有の明治公図はあくまで課税資料である」

「Ｈ市所有の明治公図と法務局所有の明治公図に差異があっても、Ｈ市所有分が正しいという証明はできない」

「H市で所有する現公図で分筆等修正が生じた際は、法務局の登記済み通知書に基づいて、年に一度委託業者が修正している」

この協議内容は主事が報告のため記録をしていました。私はその報告書の写しを一部送付してほしいと依頼し、後日、報告書を受け取ることができました。

平成24年1月19日、市外の司法書士事務所に連絡を取り、訪問しました。対応してくれた司法書士は、次のような見解を述べました。

「公図とは、土地台帳を寄せ集めて作成するため、地番が公図をまたいで移動することはない。また、めがね地がある場合、めがね地記号は記載されない」

「旧土地台帳記載事項と土地台帳附属地図のどちらに信頼性があるかといえば、先に作成された旧土地台帳のほうが、信頼性が高いと考える」

「旧土地台帳に記載されている番号は、公図連動番号である。対象の土地がどの公図に記載されているのかを確認可能とし、作業効率を良くするために導入された。公図連動番号が記載されていない旧土地台帳は、脱落地であることを示している」

副市長	部長	次長	課長	税制係長	市民税係長	資産税第一係長	資産税第二係長	係
／	／	[redacted]	[redacted]	[redacted]	[redacted]	[redacted]	[redacted]	[redacted]

[redacted]氏所有の土地の課税について	
日　時	平成21年7月9日(木)　13時30分～15時30分
場　所	[redacted]市役所4階講堂A
出席者	[redacted] [redacted]資産税第一係長、[redacted]資産税第二係長、[redacted]主事

記録報告者：[redacted]

[redacted]氏から問い合わせがありました[redacted]の土地について、協議を行いましたので報告します。

【協議事項】

1　過去の経緯について

[redacted]氏から[redacted]1301番1、1301番2の土地に係る過去の経緯等の説明を受けた。また、昭和40～50年代の航空写真等の資料を提供するよう依頼されていた件について、資料を探したが提供できる資料がなかったことを伝え、了承を得た。

2　法務局及び[redacted]市所有の明治公図について

次の5点について確認した。

● (1)　該当地及び周辺地番([redacted]1301番1（字：[redacted]向ヒ）、1302番（字：[redacted]家前））について、地番についている字は、地名からとられたものか家からとられたものかが不明であるため、これから現地がどこにあるかは判断できない。

● (2)　税務課で公図の位置関係が正しいものであると証明することはできない。

● (3)　明治公図について、法務局が所有する公図が正本であり、[redacted]市所有の公図はあくまで課税資料である。

● (4)　[redacted]市所有の明治公図について、市所有のものであることは証明できるが、法務局所有のものと差異があっても[redacted]市所有分が正しいという証明はできない。

● (5)　[redacted]市で所有する現公図について、分筆等修正が生じた際には、法務局の登記済み通知書に基づき、年に1度委託業者が修正している

3　課税の見直しについて

[redacted]氏から、[redacted]市建設整備課の資料に基づいた課税であるならば、畑の地積を更正してほしいとの要望があった。

更正について税務課で検討することを伝えたところ、法務局と係争中であり、判決が出るまで課税の見直しは行わなくても良いと申出があった。

裁判の結果によって、課税の見直しを行う必要があるため、[redacted]氏へ裁判の状況等について、報告してほしいことを伝えた。

また[redacted]氏から、この報告書の写しを一部送付してほしいとの依頼がありましたので、決裁後、写しを一部送付されますか。

同年、地方税法408条に基づく1301番2の現地調査を依頼したところ、実施されました。6月18日、H市資産税課資産税室より「調査の結果、地籍の変更をしました」と文書が届き、市道敷地が存在しないことが証明されたため、平成9年4月26日に作成されたH市固定資産税名寄帳兼課税台帳が誤りであることが証明されました。

その後、H市長およびH市職員に「国土調査が行なわれていない場所（地籍調査未完了地域）について、正確な土地地番の場所や地積を特定することは可能か」という質問をしました。1301番2の地積測量図は、近隣土地所有者の承認を得ていないものであるため、地籍調査未完了地域に該当すると考えたからです。

回答は次の通りでした。

H市職員「国土調査が行なわれていない土地の場所は、場所の特定・地積を確定することは出来ません」

H市長「地籍調査未完了地域で、現地の正確な土地の所在・境界を特定することは極めて困難です」

平成24年6月18日

[redacted]　様

税務課　資産税室長

現況確認の結果について（通知）

平成24年5月24日付けで申請のありましたことについて、下記のとおり決定しましたので通知します。

記

1．物件　[redacted] 1301番地2

2．結果　現地調査の結果、申請地の墓地の地積を測量して以下のとおり地積の変更をしました。

対象年度	土地家屋の別	資産の所在地		変更前		変更後		修正理由
				現況地積 又は現況床面積(㎡)	評価額(円)	現況地積 又は現況床面積(㎡)	評価額(円)	
		家屋の構造	建築年	現況地目 又は家屋の用途	課税標準額(円)	現況地目 又は家屋の用途	課税標準額(円)	
平成24年度	土地	[redacted] 1301番地2A		367.13	9,065	465.35	5,501	地積更正
				他雑種地	9,065	他雑種地	5,501	
平成24年度	土地	[redacted] 1301番地2B		101.52	0	39.65	0	
				公衆用道路	0	墓地	0	
平成24年度	土地	[redacted] 1301番地2C		36.32	0			
				墓地	0			

〒[redacted]
[redacted]
[redacted]市役所税務課資産税室
担当：[redacted]
TEL [redacted]（直通）

平成25年2月4日、M市の土地家屋調査士とともに、M地方法務局の人権擁護課に面談を申し出たときのことです。土地家屋調査士から「土地台帳が作成され、近隣の土地台帳を集めて1枚の公図を作成していることから、公図をまたいで地番が移動することは考えられない」という見解が示されると、慌てた様子で

「事が大きくなったので、この件については対応できません。これ以上はお話できないので、終わりにさせてもらいます」

と、一方的に面談を終わらせようとしました。

私が「専任の弁護士に対応してもらうことはできませんか？」と聞いても、「この件については対応できません」としか答えてもらえませんでした。

事が大きくなったので、この件については対応できない。

この言葉から「重大な不正があった」ことが伺えました。相手の主張と決定が正しいものであれば、専門家の立場から「あなたの主張はこのような理由で間違っています」と指摘したはずです。

市長、市職員、司法書士や土地家屋調査士の見解からも、平成18年の筆界特定の決定が正しいものではないことが、明確になりました。

１３０１番１の隣接地との「境界確定申請」が却下される

平成２４年１１月２０日、父は自身の所有地である１３０１番１と隣接地の「境界確定申請」を行いました。この申請には「不動産登記法第１３２条第１項第２号の規定により却下する」という決定が下りました。

その約２カ月後、平成２５年２月１日付けで法務局から、地図訂正を行ったという通知書が届きました。訂正内容は「１３０１番２→１３０２番２」「１３０１番第１→１３０１番２」で、平成１８年の筆界特定の決定に基づく訂正です。地図訂正年月日は「平成２５年１月２５日」とありました。

平成１８年に筆界特定登記官・尾形氏は「１３０１番２の場所は１３０１番第１である」と決定し、私はそれが誤りであると境界確定訴訟をして、最高裁で敗訴しました。

しかし、これまで地図訂正は行われませんでした。

それが、どうして今になって……？

疑問が拭えず経緯を調べてみたところ、１月２３日に筆界特定登記官からＨ支局登記官へ文書が送られていました。筆界特定登記官が認定した地番の誤りが地図に準じる図面に反映されていないことを指摘した上で、父が行った隣接地との境界申請の処理を行う上で必要となるため、職権により地番訂正を行うことを促していました。

父の筆界特定申請を棄却するために、法務局は何年も訂正をしていなかった1301番2の地図訂正に踏み切ったのです。

平成26年　筆界特定申請

平成26年7月、父は筆界特定申請を行いました。

対象土地：甲1301番1
乙1301番3、1302番、1304番1、1300番3、1300番、
1301番1先（墓地）、1301番第1先（無番地）

このときは意見聴取の期日が示され、申請地の調査も実施されました。

順調に進んでいたように思えましたが、12月に「予納告知書」が届きました。筆界特定の手

続きに必要な測量等の、費用の概算額を通知するものです。これを期日までに納付する必要があるのですが――「９４万６９００円」という高額が記されており、私も父も驚きました。

また、筆界特定登記官・桑田雅俊氏、筆界調査委員・吉見幸昌氏から

「地番１３０１番１の西側市道敷地側に隣接する土地（１３０１番２）との境界は、調査できない」

と、強調されました。

理由を尋ねても答えはなく、その境界を特定できなければ意味がないため、父は申請を取り下げました。

ところが2年後、調査できないと言っていた人物が、古河氏の筆界特定申請で調査・決定を行ったのです。

第4章 ═ 平成28年の筆界特定

告訴を封じられた私は、新たに策を練り、実行しました。

狙ったタイミングではありませんでしたが、その目論みは成功しました。古河氏が筆界特定を申請したのです。

ところが、筆界調査委員は最初から古河氏の意見を是とするための調査を実施。誰が見ても「嘘だ」「おかしい」とわかるような意見書を提出し、筆界特定登記官はそれを認めました。

平成28年　古河涼介氏による筆界特定申請

平成28年10月11日、古河氏が突如、筆界特定申請書を提出しました。

対象土地　1号　甲1302番　乙1301番1
2号　甲1302番2（公図上1301番2）　乙1301番1

「筆界特定を必要とする理由」には、この境界について長年争いが続いていること、「1302番2の所有権侵害を直ちに中止させたい」とありました。

この「所有権侵害」とは、私が平成25年の8月に、地面に張ったロープのことです。告訴が封じられたため、相手側から訴えさせるために、古河氏が和解を申し出たときに決めた境界部分に張ったのです。

ところがロープを張ってから3年以上が経過しても、一度も抗議すらされませんでした。目論見が外れたと思い次の策を考えていたところ、急に筆界特定の申請が出されました。

このタイミングで申請した理由として考えられるのは、赤道のことを最もよく知っていた小森さんが、お亡くなりになったことです。とても嫌な言い方になりますが、古河氏にとっての「邪魔者」がいなくなったことで、ついに攻勢に出た——そのように感じました。

そうして、筆界特定登記官・真壁治郎と、筆界調査委員4名による筆界調査が開始しました。

筆界調査委員には、平成26年に「境界は調査できない」と強調した、吉見氏の名前がありました。

12月、父は意見書を作成しました。

「筆界特定申請者・古河涼介が主張する地番1302番（ため池）および地番1302番2（田）

は別紙図面に存在していないうえ、地番１３０１番１と隣接していないため、筆界特定の申請人としての権限がない」

それを証明する資料と説明は約１００枚になり、筆界特定登記官と筆界調査委員に提出しました。しかし、両者はとくに意見を出しませんでした。

３月２１日には筆界調査委員の意見書が、３月２７日には筆界特定通知が届きました。結果として、古河氏が望む通りの境界に決定されました。筆界調査委員の意見書は長く、全文を掲載することはできないため、重要な部分を抜粋していきます。

筆界調査委員の意見と反証①　本件筆界の検討

平成２５年1月２５日職権により、対象土地甲２の位置における地番を、１３０１番２から１３０２番２と地図訂正されている。この訂正は、管轄登記所の資料によると妥当と考える。

【反証】地図訂正は妥当ではない

地図訂正は、平成１８年の決定から7年間も放置されたにもかかわらず、「平成２４年１２月

１０日受付第７号ないし第１４号筆界特定申請事件の処理上必要」という理由で訂正が実行されました。果たして、それが妥当と言えるのでしょうか。

加えて、地図訂正を行った登記官が、以下の確認を実施したのか否かが明らかではありません。

①公図と現地を照合したのか。

②現地にて、隣接土地所有者の立ち会いのもと、土地の境界を確認したのか。

③旧土地台帳、閉鎖登記簿の謄本、公図、航空写真、国土交通省国土地理院が管理する地図等の資料をもとに、現地確認を行ったのか。

少なくとも②が実施されていないことは明らかであり、③を行ったのであれば地番の訂正に問題があることを認識するはずです。

【反証】現地調査が適切に実施されていない

現地確認は、日にちと時間を決めて実施されました。しかし、わずか数分間で終わりました。真壁氏は関係者からほとんど話を聞かず、「今日は時間がないので、また後日、話を聞きます」といって終了。その後、再度訪れることはなく、関係者は現地について話をすることができませんでした。

筆界調査委員の意見と反証②　空中写真との整合性

本件公図により現地においての位置や配列は確認できないが、公図は土地の位置及び形状を示した図面であることから、後記で検討する米極東空軍の撮影した空中写真と本件閉鎖公図を重ね合わせてみると概ね一致することから、本件閉鎖公図は筆界特定の資料として採用できると考える。

【反証】空中写真と閉鎖公図は一致しない

閉鎖公図が作成された当時は測量技術が未熟で、団子絵図（談合図）的なものが多く、一筆の土地の形状が現地と適合せず、脱落地や重複地等があり、位置が東西転倒しているものもあったと言われています。これは法務局職員の教科書にも書かれています。

実際、私が入手した米極東空軍の撮影した空中写真と本件閉鎖公図を重ね合わせると、一致していません。H市や法務局の明治公図と比べても、「概ね一致する」といえる状態ではありません。

【反証】法務局に登記された地積測量図、関係人の見解を採用しない

以下の資料について「筆界特定の資料とすることはできないと考える」と述べています。
・昭和48年5月10日作製の地積測量図（1301番3）
・昭和57年2月18日作製の地積測量図（1301番1）
・平成7年7月31日作製の地積測量図（1300番4、5）
・平成9年2月27日作製の地積測量図（2021番2）
・平成15年6月4日作製の地積測量図（1300番6、1300番7）
これらは法務局に登記されている地積測量図であり、2021番2以外は対象地と隣接していますす。それにもかかわらず、筆界特定の資料にはできないと判断しています。2021番は「直接的な位置関係にないため」という理由が記されていますが、赤道と隣接している土地であり、無関係ではありません。

なぜ、隣接地の地積測量図を資料として採用しないのか。

平成18年の筆界特定の決定と一致しなくなるからです。平成18年の筆界特定の決定を覆さないためには、これらの地積測量図を採用できないのです。

加えて、関係人Bである H市と、関係人Cである岩野氏によって、平成17年3月に製作された地積測量図（1301番2）は取り上げられず、採用もされていません。平成16年に私が市を訴えて裁判を行っていた時、市が示談を申し出るとともに岩野氏・宮本氏・田中氏に150万円を支払って作成させた、根拠のない境界が描かれた1301番2の土地調査報告書です（35ページ参照）。

関係人が過去に作成した地積測量図が正当なものであれば、彼らの見解として提出されるべきですが、平成18年度の筆界特定の決定とは異なる内容のためか、まったく触れられていません。

さらに、関係人Aである父が提出した意見書の内容は、すべて無視されました。平成19年2月28日に作成した「1301番1のめがね地1301番第1の土地について、1301番1である事を申出することについて異存はない」ことに萱内氏と古河氏が同意した「証明書」も採用しませんでした。

筆界調査委員の意見と反証③　申請人の主張について

本件赤道の形状は昔のままであることは、他の関係人との口述と一致し採用できると考える。

しかし、現地が確認できない対象土地甲1に接する本件赤道の位置が、前記平成7年測量図、平成15年測量図に記載の位置になるという主張は、前記の官轄登記所に備付けの地積測量図の検討により採用できないと考える。

【反証】申請人の赤道の主張は他の関係人と一致していない

私が平成19年に起こした境界確定訴訟の陳情書において、申請人が主張した赤道の場所は、関係人Ａ（岡崎善二）および関係人Ｂ（Ｈ市）が主張する赤道の場所と異なっていました。本件でも、少なくとも関係人Ａの主張とは一致していません。

「平成7年測量図」と「平成15年測量図」は地籍と境界を都合よく操作した測量図です。これらを採用しないという判断は正しいものですが、その理由は明かしていません。製作された経緯や内容に問題があると認識しているのであれば、それらを法務局が受理し、登記されている事実に触れるべきですが、そのような記述は一切ありません。

筆界調査委員の意見と反証④　関係人Ａの主張について

本件東側に申請人の土地がないという主張は、本件公図をそもそも否定するもので、前記の本件公図等の検討からして、関係人Ａの記憶間違い、あるいは当時の占有状況による主張であり採用できないと考える。

【反証】**関係人Ａは登記された資料をもとに主張している**

記憶や占有状況による主張ではなく、法務局に登記されている地籍測量図を元に行った主張です。筆界調査委員が「筆界特定の資料とすることはできないと考える」として採用していないだけです。

筆界調査委員の意見と反証⑤　関係人Ｃらの主張について

関係人Ｃらの主張する本件赤道の形状に関する口述は、他の関係人の口述より詳しく、前記の空中写真の検討を証するものとなり採用できると考える。

【反証】**関係人Ｃらの主張には一貫性がない**

関係人Ｃの岩野氏は、平成１７年の１３０１番２に対する調査結果において、市道敷地に申請人の土地が含まれていないこと、１３０２番の場所に１３０１番２の土地があることを証明しています。そのため、申請人の主張と重なることはないはずです。

　もう一人の関係人Cである米山氏は、私が平成19年12月に近隣土地所有者9名の境界確認と証言を集めた「証明書」に署名捺印をしています。そのため、米山氏が主張する赤道の形状が申請人の主張と重なることはありません。

証　明　書

1．別紙1（[redacted]地方法務局[redacted]支局発行）測量図に記載されている1301－第2の土地は、「前土地所有者　[redacted]氏」より[redacted]が購入した土地で、別紙1の測量図に記載されている場所である、又1301－第2の土地には[redacted]家のお墓が有る事を証明します。

2．別紙2（[redacted]地方法務局[redacted]支局発行）測量図に記載されている1301－第1の土地は、別紙1測量図に記載されている1301－1のめがね地であり、田ではなく、一部畑を作っていた場所で有る事を証明します。

3．別紙1（[redacted]地方法務局[redacted]支局発行）測量図に記載されている1301－第2と1301－1に隣接する空白の土地は、[redacted]氏・[redacted]氏の所有する墓地である事を証明します。

2007年12月

月　日	住所	氏名	印
12月17日	[redacted]	[redacted]	[redacted]
12月17日	[redacted]	[redacted]	[redacted]
12月17日	[redacted]	[redacted]	[redacted]
12月17日	[redacted]	[redacted]	[redacted]
月　日	[redacted]	[redacted]	[redacted]
12月17日	[redacted]	[redacted]	[redacted]
12月17日	[redacted]	[redacted]	[redacted]
12月17日	[redacted]	[redacted]	[redacted]
12月17日	[redacted]	[redacted]	[redacted]
月　日			

以上。

筆界調査委員の意見と反証⑥　対象土地付近にある構造物等の検討、プラスチック杭について

濱田家の墓地は、具体的な設置の時期は不明であるが墓碑の彫刻によれば昭和52年に設置されたと推測出来る。しかし、設置当時境界の確認等がされたという口述はなく、その北側及び西側に設置されているブロック積みが境界を示すものと確定できないと考える。

申請人及び関係人A並びに関係人Cらから当該プラスチック杭について、否定する口述はない。

【反証】現地で話を聞かなかったことを「口述はない」と断じている

墓地が設置された当時、どのように境界の確認等がされたのか。現地確認でその質問を行わず「時間がない」と数分間で切り上げ、説明の機会を与えませんでした。それを「境界の確認等がされたという口述はなく」と表現することは、明らかに誤りです。また、平成19年の証明書では、近隣土地所有者が「1301番第2の土地には浜田家の墓がある」と証明していますが、これを無視しています。

プラスチック杭についても、関係人Aは提出した意見書で述べています。その主張を無視し「否

定する口述はない」と断言しています。

結論と反証

以上の事実を踏まえて考察すると、昭和２２年空中写真、昭和３９年空中写真、昭和５１年空中写真及び平成２２年空中写真が本件筆界１ないし本件筆界２の原始筆界である本件閉鎖公図の形状を表示した資料となり、関係人らの口述を参考に同筆界の形状を当てはめると（中略）と特定するのが相当である。

【反証】航空写真と筆界特定図面は一致しない

空中写真と本件閉鎖公図の形状は一致していないうえ、筆界特定図面（甲１・甲２）の場所と空中写真も一致していません。

私は地積測量登記されている近隣地の地積測量図（１３０１番３、１３００番４、１３００番５、２０２１番２）を参考資料として入手しました。そして、平成２８年の筆界特定により決定された平面図（１３０２番、１３０２番２、１３０１番１）に、地積測量図を合わせてみました。

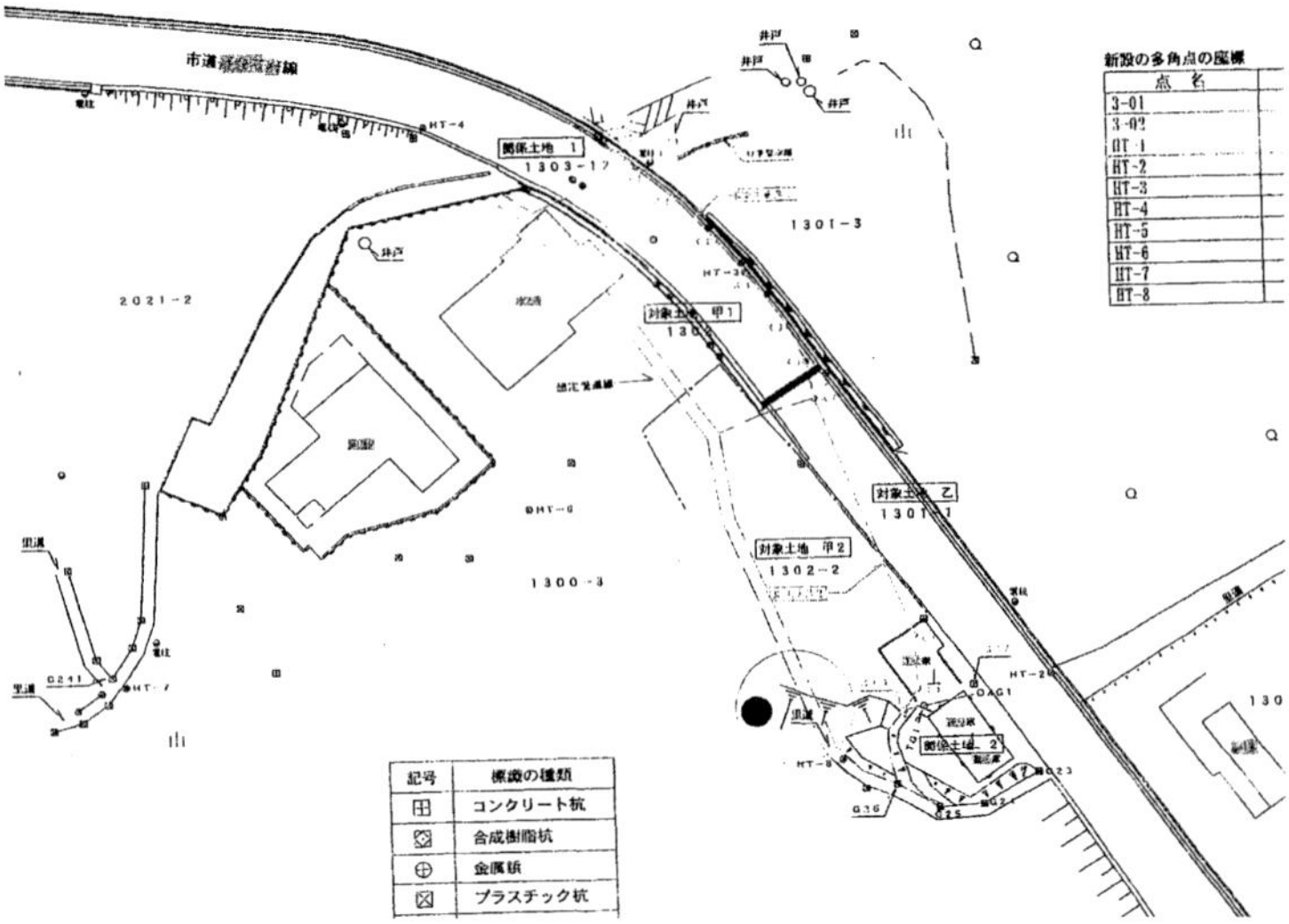

H28 筆界特定図面

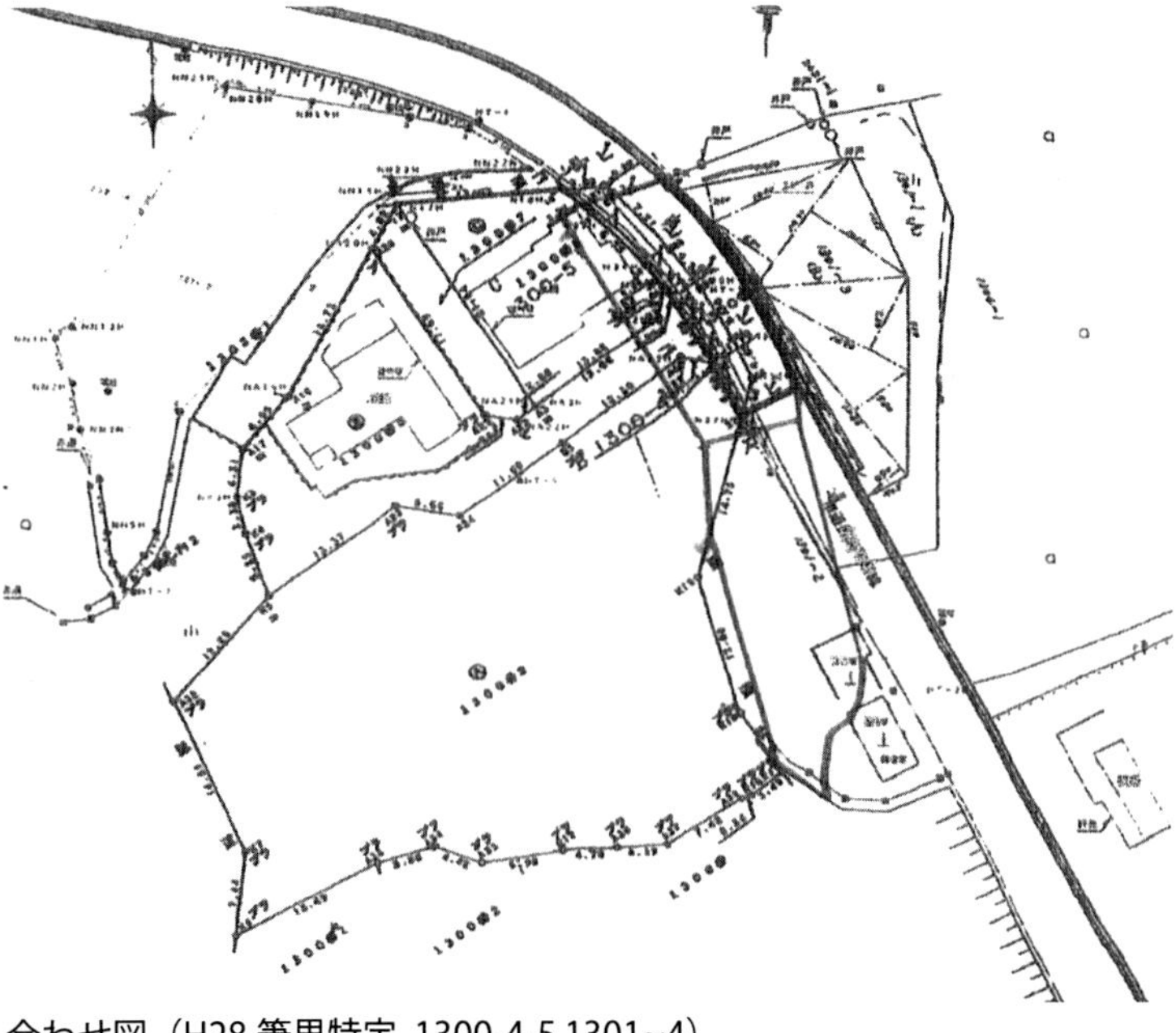

合わせ図（H28 筆界特定 ,1300-4-5,1301~4）

明らかに合致しません。

航空写真に平成７年製作の地積測量図（１３００番４、５）を重ね合わせると、１３００番４の土地は市道敷地内に存在します。しかし、地積測量図では、市道敷地内に１３００番４は存在していないことになっています。

平成２８年の筆界特定図面が正しいのであれば、登記された地積測量図（１３００番４、５）が虚偽となり、平成７年の国有地境界確定が無効になります。地積測量図が正しいのであれば、平成２８年の筆界特定図面は虚偽となります。

また、翌年の平成２９年６月４日、萱内氏から「萱内家・米山家・濱田家の土地の境界」と「赤道」を示した図をもらいました。赤道は筆界特定の決定とは異なる場所が示されており、私の記憶とも一致します。

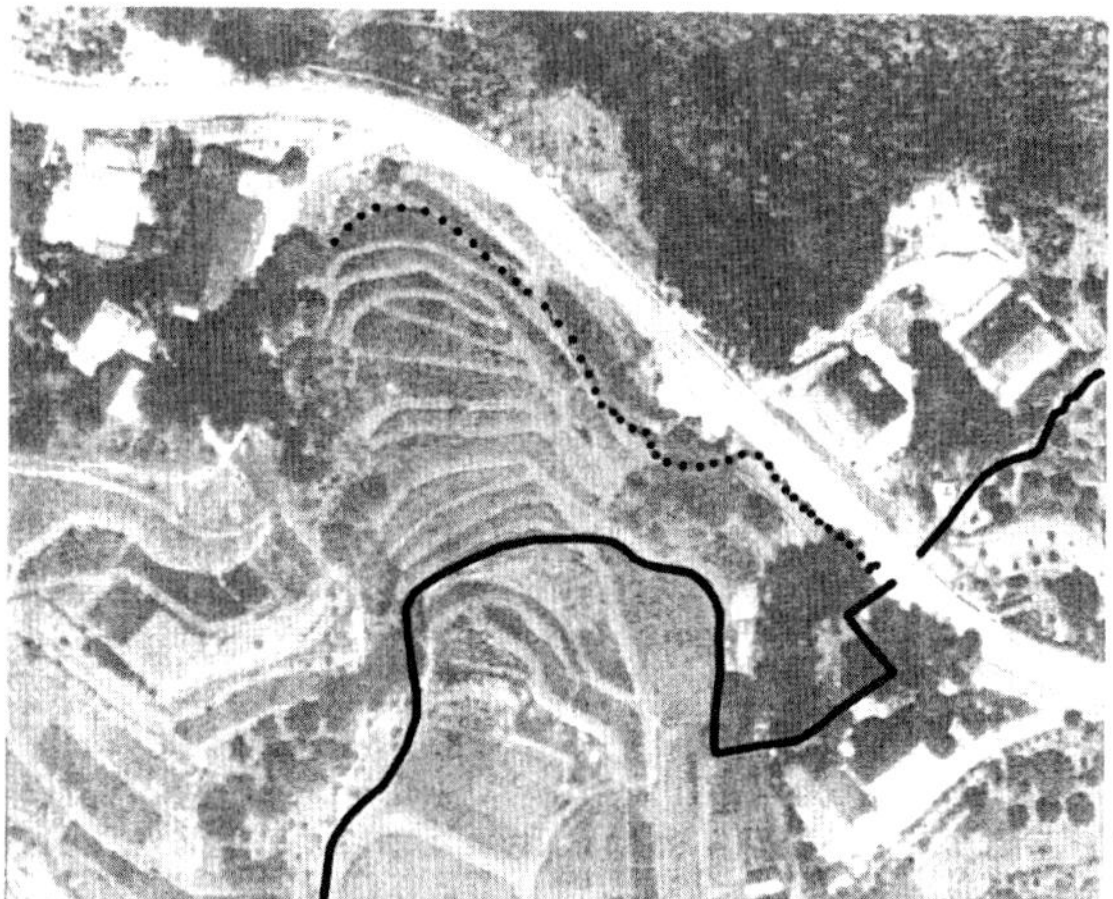

右、写真の赤実線は我が[redacted]家と（右下）
[redacted]家、[redacted]家さんとの堺を示します。
は線は赤道と記憶しています
平成二十九年六月四日
[redacted]

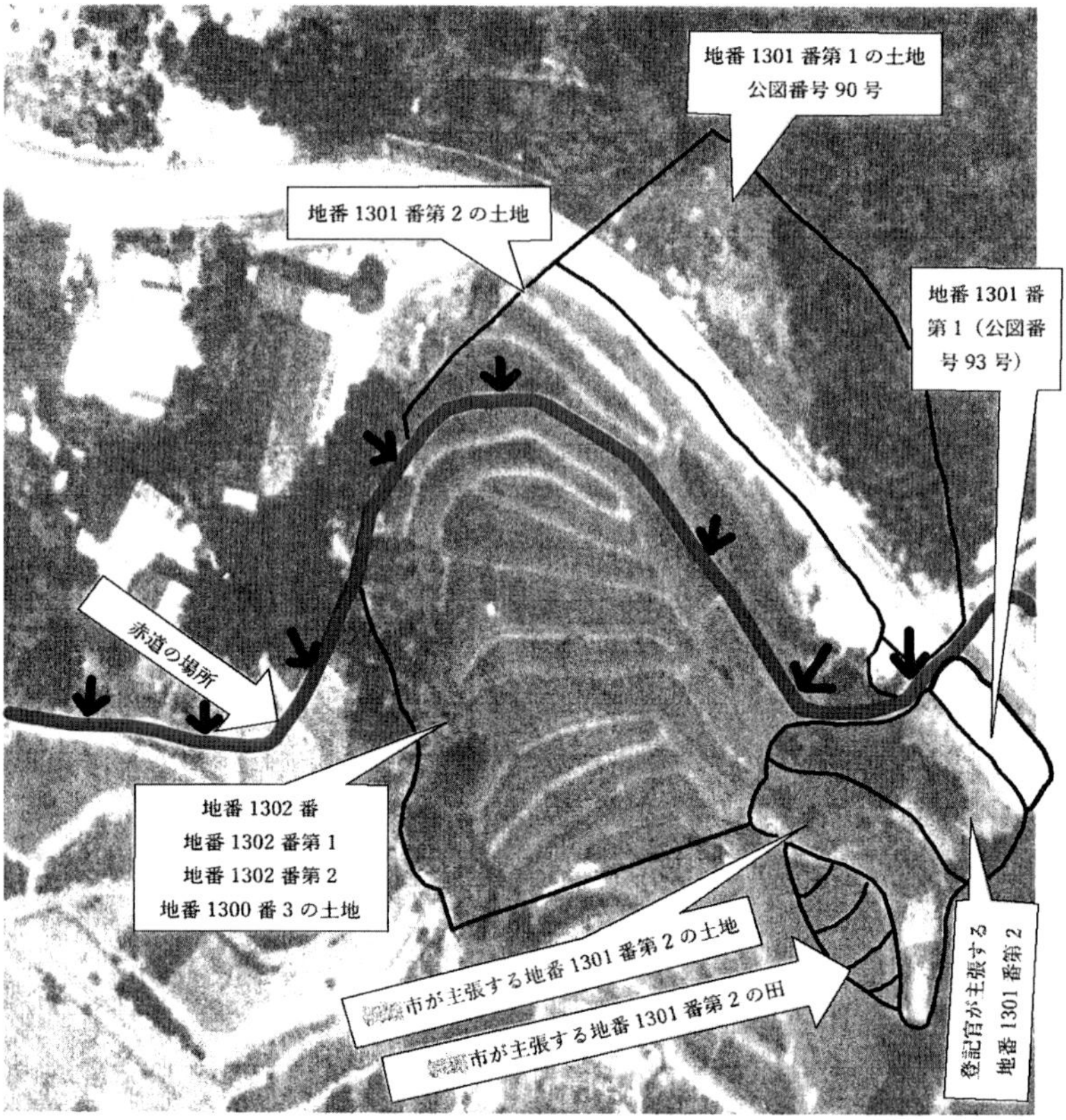

私が記憶している地番 1301 番第 1「めがね地を解消するため地番 1301 番 1 と地番 1301 番 3 に分筆される」（台帳付属地図 90 号）・地番 1301 番第 2（台帳付属地図 90 号）・赤道の場所
「地番 1302 番・地番 1302 番第 1（めがね地の草生地含む）・地番 1302 番第 2・地番 1300 番 3」

法務局登記官[redacted]及び裁判官が地番 1301 番第 2 の土地の場所を決定した場所＊裁判官[redacted]の見解では、法務局筆界特定登記官[redacted]が地番 1301 番第 2 の土地だとする場所は、私はよく知っている土地だ、地番 1301 番第 2 の土地では無いとの見解を示す。

[redacted]市が主張する地番 1301 番第 2 の土地に田が存在していないと主張すると、[redacted]市市民生活部資産税課課長[redacted]は[redacted]氏の所有する田の場所の一部が地番 1301 番第 2 の田だと主張。

法務局登記官[redacted]の決定した場所と[redacted]市が決定した場所は地番 1301 番第 1（台帳付属地図 90 号）のめがね地で地番 1301 番第 1（台帳付属地図 93 号）の土地です。

Ｈ市の主張の変化、決定の根拠

平成７年から行われてきた不正と、それを正当化するための嘘の積み重ねによって、市の決定や主張は根拠のない、矛盾だらけの状態になっていきました。

その中でも、１３０１番２の地籍と位置に関するものを簡単に抜粋してみます。

平成８年度　１３０１番２の「地目」「地積」の変更処理を行う

平成９年４月２６日に、税務課から固定資産税名寄帳兼課税台帳が送付された。１筆の土地が許可なく３筆に変更されていたため、過去の台帳を調べたところ、平成８年度から３筆に変更されていたことが判明。

【変更前】畑　５０５㎡

【変更後】畑　３６７・１６㎡　公衆道路　１０１・５２㎡　墓地　３６・３２㎡

平成９年２月　農業委員会が地目変更を拒否

「地番１３０１番２の土地には市道敷地がある」と、農地法に基づく地目の変更を拒否。

平成9年5月〜9月　境界確認を実施、虚偽の報告書を作成

1301番2の市道敷地の位置を確認するため、8月15日に境界確認を実施。しかし、H市は市道敷地の位置を示さないまま確認を終了。

9月に建設課から報告書が到着。「測量登記するには公図の訂正が必要」「法務局が公図の訂正を認めないため道路部分の分筆登記ができない」という結論とともに、地籍の数字が記載。

岡崎氏買収予定　31・52㎡　道路部分　101・52㎡

濱田氏　墓地　36・32㎡

合計地籍「169・36㎡」は、土地台帳や閉鎖登記簿の謄本と一致しない。岡崎氏買収予定は、平成9年度の固定資産税名寄帳兼課税台帳では367・16㎡となっていたが、大きく削減されている。

この数字の根拠を尋ねても建設課は回答せず。予算がつけば赤道を復元すると約束する。

平成9年10月28日　地目を変更するため申請書を偽造・処理

現地調査の結果、申請地は現在、一部が公衆道路及び、墓地となっていることが確認できましたので、平成9年度より以下の通り地目を変更します。

畑　３６７・１６㎡　公衆道路　１０１・５２㎡（非課税）
墓地　３６・３２㎡（非課税）
平成8年度に既に変更されていることは確認済み。許可なく地目・地積の変更を行ったことを隠蔽するため、土地所有者が申請したかのように書類を偽造し、処理を進めた。

平成11年5月19日　登記できない理由として公図の不一致を挙げる

建設課より「未登記市道の処理について」という文書が届く。
「法務局及び奈良井土地家屋調査士事務所と協議したところ早急な登記処理は困難です。今まで通り未処理とする以外方法はありません」。理由は、明治公図と法務局が管理する公図が整合しないため。整合させるためには周囲の測量が必要で、なくなる土地も出てくる可能性があり、問題が大きくなるとのこと。

予算がつけば赤道を復元すると約束していたにもかかわらず、法務局および土地家屋調査士と協議して登記できない理由を作る。この土地家屋調査士は、地積測量図１３００番４、５をはじめ、虚偽の地積測量図を複数作成し、登記させた。整合させると不正が明らかになるため、都合の良いように理由付けしたと考えられる。

平成１２年５月　市長より地図訂正の「承諾書」が届く

濱田正樹氏が地図訂正申し立てを行った（そのような事実はない）ため、隣接地の所有者として地図訂正に承諾するよう、書類一式が送付された。添付されていた測量図は、平成９年９月に建設課から送付されたものと同じ。

・１３０１番２の土地に１０１・５２㎡の市道敷地が存在している。その他の土地の面積は６８・０４㎡、合計地積は１６９・３６㎡と改ざんされている。

・１３０１番４の市道敷地と赤道の間に１３０１番１があり、１３０１番１の土地に市道敷地があるように書かれている。

平成１５年６月１９日　Ｈ市農業委員会が地目変更「雑種地」

１３０１番２の土地の所有権移転登記のため、農業委員会に地目変更を申請。現地確認が実施され、「田」から「雑種地」に変更となり、証明書が発行される。面積も「５０５㎡」と記載。これにより、市道敷地が含まれていないことが証明された。

平成２１年７月９日　明治公図に関する資産税課の見解を受け取る

資産税課に対し、法務局と市役所が所有する明治公図に関する質問を行った。その協議記録を書面で受け取った。

(1) 該当地及び周辺地番（1301番1（字：[redacted]向ヒ）、1302番（字：[redacted]家前））について、地番についている字は、地名からとられたものか家からとられたものか不明であるため、これから現地がどこにあるかは判断できない。

(2) 税務課で公図の位置関係が正しいものであると証明することはできない。

(3) 明治公図について、法務局が所有する公図が正本であり、H市所有の公図はあくまで課税資料である。

(4) H市所有の明治公図について、市所有のものであることは証明できるが、法務局所有のものと差異があってもH市所有分が正しいという証明はできない。

(5) H市で所有する現公図について、分筆等修正が生じた際には、法務局の登記済み通知書に基づき、年に1度委託業者が修正している。

平成２４年６月１８日　資産税課が現況確認の結果を通知

資産税から送付された平成２４年度固定資産税名寄帳兼課税台帳を基に、１３０１番２の土地に市道敷地は存在しないことを訴え、地方税法408条に基づく現地調査を依頼、実施される。
H市は「既に埋め立てられた現況の境界は確認できない」、「濱田家の墓地の西側から北側一帯に、1301番2の土地があることは確認できる」と回答。後日、通知が届く。
「現地調査の結果、申請地の墓地の地積を測量して以下の通り地積の変更をしました」
他雑種地　367・13㎡↓465・35㎡
公衆用道路　101・52㎡↓0㎡
墓地　39・65㎡
1301番2の土地に市道敷地が存在しないことが確認された。これにより、下記報告書や種々の決定の正当性が失われた。
・法務局に登記された地積測量図（1300番4、5・平成7年7月31日作成）
・固定資産税名寄帳兼課税台帳（平成9年4月26日作成、平成9年10月27日作成）
・平成9年9月19日の建設課からの境界確認に関する報告書
・平成9年10月28日の現況確認の結果（通知）
・平成12年6月に送付された「承諾書」
・平成18年の筆界特定の決定

平成３１年２月７日　市長が「地域住民が認識する赤道」を市有財産として証明

市長より文書「Ｈ市有財産の証明について」が到着。

「１３０１番先～１３０３番１２先」の「道」が、Ｈ市の所有地であることを証明。添付された地図の場所は、私や地域住民が認識していた赤道の位置と一致する。

令和元年５月２２日・１１月５日　資産税課が「１３０１番２は地籍調査未了」と認識

資産税課より文書「１３０１番２の土地の課税状況について」が届く。

１３０１番２について、「当該周辺地域は地籍調査未了地域で（中略）現在の正確な土地の所在・境界を特定することは極めて困難であるため、岡崎氏の主張を尊重し一部墓地を含む周辺の雑種地であると推測」と明記。

さらに１１月５日には（追加・補足説明）が追記された同じ表題の文書が届き、「なお、現時点で当該周辺の正確な土地の所在・境界等を特定することは極めて困難であり、地積調査事業やそれに類する測量等の成果により明らかになるものと思われる」。

資産税課は、地籍調査（国土調査）がまだ実施されていないと認識している。

令和4年7月21日　記録報告書

資産税課と維持管理課が認識している1301番2の場所に相違があるため、市の意見を統一してほしいと要望。資産税課課長他3名による協議内容を「報告書」として受け取る。[redacted]は黒塗り部分。「岡崎剛正」や「1301番2の土地」と書かれていたと推測される。

①資産税課が課税する「[redacted]の土地」

↓現地確認で[redacted]が主張する場所（資産税課としては、平成24年5月に[redacted]と現地確認をし、公図の示す位置がどこであるか不明確なため、[redacted]の主張を尊重し[redacted]が主張する場所を[redacted]の土地として課税の見直し）

②維持管理課が回答する「[redacted]の土地」

↓H22年6月10日判決による（別紙地図参照）

維持管理課は、平成22年6月10日判決による決定理由に基づき、1301番2の土地の場所を決定している。この判決とは、平成18年に「境界確定請求事件（甲事件）」、平成19年に「土地所有権確認請求事件（乙事件）」として訴えた内容に対し「却下する」「棄却する」と決定されたもの。その決定理由は「甲事件請求にかかる訴えは不適法であるからこれを却下する」、「乙事件請求は理由がないからこれを棄却する」というものであり、場所の特定等の決定は行われていない。このため、維持管理課が１３０１番２の場所を認識する理由としては不明瞭である。

令和4年9月2日　維持管理課、１３０１番2の所在を「１３００番の一部」

１３０１番２土地の所在に係る市の見解について質問を行い、市長・資産税課・維持管理課より「回答書」を受け取る。

法務局備付公図や周辺土地の筆界特定等から考えると、墓地の南側に現存する赤道の南側傾斜地付近であると推測します。ただし、当該地周辺は地籍調査未了地域のため、現地の正確な土地の所在・境界を特定することはできません。

添付されている別紙地図によると、維持管理課は公図番号「う―７―６５」に記載されている１３０１番第１の土地の西側の一部分（山の斜面）と隣接する、１３００番（萱内家所有地）の田の一部分が、１３０１番第２の土地であると示している。

これは、平成１８年の筆界特定の決定とは異なる場所である。

令和5年4月24日　資産税課が令和4年9月2日の回答書をもとに固定資産税を変更

送付された固定資産税納税通知書から、現地調査が行われていないにもかかわらず１３０１番

2の土地台帳の地目と地積が変更されたことが発覚。資産税課の課長に面会し、固定資産税を変更した理由を質問。

「裁判で1301番2の位置が決定したので、変更しました」

「私が地目を変更する前、1301番2の地目は田、でした。裁判で決定した場所に田はありません。これは何故ですか」

「1301番2の田は、隣接する1300番の敷地内に存在しています」

令和4年9月までは、平成24年に実施した現地調査における私の主張を尊重していたにもかかわらず、急に維持管理課と足並みを揃える判断に移行。しかし、先述したようにその裁判では1301番2の位置を決定していない。

重要書類を裁判所が隠蔽

不正を隠蔽するために嘘を重ねたのは、市職員だけではありません。

父・岡崎善二は高齢ながら元気な人でしたが、裁判を始めた後にがんが発見されました。治療を受けながらも戦い続け、容体は安定していたのですが、ある日突然高熱を出して急逝しました。

父は遺言書を残しており、遺言執行者に母を指名していました。しかし、母はすでに認知症が進んでいたため、執行者になれません。裁判所と話し合った結果、母の代理人をつけることになり、定年退職して10年ぶりに帰郷した弟（三男）がその役目につくことになりました。

父は私よりも先にこの問題に関わり、さまざまな調査を行い、資料を作成したりして、訴えを続けていました。私はそのすべてを知っているわけではなく、弟は裁判にほとんど関わっていません。そこで、H市が所有する関係書類の提供を依頼するため、平成31年2月4日、兄弟で市役所に足を運びました。

対応してくれたのは、維持管理課と地積調査課の職員です。彼らはこのときの会話をすべてICレコーダーで録音していたため、後に議事録を送付してもらいました。

このとき、地積管理課には「岡崎善二」と「岡崎剛正」の2冊のファイルがあることを知りました。議事録にも残されています。ファイルの中身を確認したいと伝えると、この場での閲覧はできないと断られたため、裁判所経由で情報開示請求を行いました。

ところが裁判官は「岡崎善二ファイルは存在しない」と主張し、岡崎剛正ファイルのみ開示しました。私が抗議しても、頑なに「存在しない」と否定するのです。

後の裁判で、私はある市職員への証人尋問を申請しましたが、裁判所は職権を発動して不受理としました。その人物が「岡崎善二ファイル」の存在を話してくれた職員だったためです。そこまでして岡崎善二ファイルの開示を拒否するということは、誤魔化しようのない証拠がファイリングされている可能性が高いと考えられます。裁判所はそれを、職権で封じたのです。

法務局登記官が、相反する図面を「見る人の見解に任せる」と回答

令和6年2月9日、私は筆界特定図面（甲1・甲2）の場所と空中写真を重ね合わせ、一致していないことを証明する資料を持って、法務局の登記官と面談しました。以下は、そのやりとりです。

私　　「筆界特定登記官が証拠として使用している公図合わせ図は、正しいと証明できますか」
登記官「公図合わせ図が正しいという証明はできない」
私　　「平成28年の筆界特定図面と、登記された地積測量図（1300番4、5）には、地番が異なる土地が重複して記載されている状態が存在します。登記された地積測量図と筆界特定図面は、どちらが正しいのでしょうか」

登記官「登記されている地積測量図と相反する筆界特定図面があるが、見る人の見解に任せる」
私「では、どちらに法的効力がありますか」
登記官「登記されている地積測量図が優先される」

この回答から、平成28年の筆界調査委員は「法的効力がある図面を採用していない」意見書を提出し、筆界特定登記官は「法的に問題がある決定を下した」ことがわかります。

法務局に「登記された地積測量図と重複地を含む筆界特定図面が存在する」こと、その真偽を「見る人の見解に任せる」状態にしていることは、職務を正しく遂行していると言えません。

警察が告訴状を拒否

令和5年10月19日、私は警察署に告訴状を提出しました。

市の資産税課や維持管理課の課長や係長、その他の職員について、それぞれが何を行い、どのような犯罪を犯したのか（告訴事実）と、そこに至る経緯を詳細に記しました。

対応してくれたのは、刑事部知能・組織犯罪課の刑事係長と警部補です。裁判記録や判決資料が必要と言われたため、すべて提出しました。

約10日後、警部補から「告訴状について報告があるので、来てほしい」と連絡がありました。

面会室で告げられたのは、次のような内容でした。

「証人尋問においての証言は、判決に影響するものではない」

「固定資産税の変更は、裁判の判決で決定している」

「過去の件は、既に時効になっている」

そして、裁判官の判決によるものは、裁判でしか対応できない。警察としては告訴状を受理できない、と言われました。

裁判で判決が決定したから、対応できない。

その判決自体に正当性がないため、私は告訴を続けています。しかし、警察はその事実を受け入れてくれませんでした。

固定資産税の変更が裁判の判決に従ったものと判断したのなら、裁判資料を確認したはずです。資料を見れば、決定した場所が急傾斜地であり「田」になりえないことは、すぐにわかります。また、市は「当該地周辺は地籍調査未了であるため、現地の正確な土地の所在、境界を特定することはできない」と回答したにもかかわらず、固定資産税名寄帳兼課税台帳の変更を行いました。

警察がその理由を尋ねたなら、市職員は「裁判の決定に従い、現地調査を行わずに変更した。1301番2の田は1300番の敷地内にある」と、地方税法408条違反行為と、根拠のない回答、つまり偽証をするはずです。

調査したうえで黙認しているのか、資料を見て違和感があるのに調査をしなかったのか、資料を見なかったのかは、わかりません。

わかったことは、警察も法務局と同じということでした。

「法的効力のない申請書を受理した先輩を売るわけにはいかない」という理由で登記申請を拒否した登記官のように、警察もまた、私の告訴を不起訴、不受理にしてきた先輩を売るわけにはいかないため「告訴状を受理できない」のです。

そして、それは裁判官も同じなのでしょう。

令和6年2月、私は県警本部に告訴状を送付しました。数日後に電話が鳴りました。

「県警本部では対応しないので、告訴状は返還する。H署の浪川直次が再度対応するので、相談するように。県警本部はH署の見解を受けて、H署と協力し対応していく」

「わかりました。告訴状に対する見解を、文書でいただけますか」

「告訴状に対する見解は、文書にはしない。口頭で伝える」

なぜ文書にしないのかは疑問でしたが、電話でのやりとりでは、深く探ることはできません。

まずは、県警本部から告訴状が返還された後、再度H署に足を運んで浪川警部補に面談を申し込みました。

得られた回答は、次のようなものでした。

「過去のことは全て時効だ」

「既に裁判で決まっている事だ」

「警察は土地の境界を捜査する捜査権はないので、市の決定が間違いであることを証明すれば考える」

何をやっても無駄だと言われても、諦めるつもりはありません。

まだ方法はあります。私は戦い続けます。

あとがき

令和5年10月に警察署に告訴状を提出したとき、「裁判官の判決によるものは、裁判でしか対応できない。警察としては告訴状を受理できない」と返答した警部補は、さらに言葉を続けました。

「おそらく、このまま訴えを続けても同じ判決結果しか出ないと思います。あなたは一体、何のためにここまでやるのですか」

その問いかけは、訴えても無駄だ、諦めろと言いつつも、かつて「30万円をドブに捨てるようなものだ」と、吐き捨てるように浴びせられたH市職員の言葉とは違い、純粋な疑問のように感じられました。

だから、私は素直な気持ちで答えました。

「私と、私が大切にしている人たちの名誉を守るためです」

自分の土地だけではありません。

本書のページ数の都合で記載を省きましたが、この町は昭和37年に、新しい道路の建設が決定しました。その敷地はほとんどが山の斜面でしたが、当時田んぼであった「1301番1」と、赤道を挟んだめがね地が含まれてしまいました。

道路建設を推進していたある市会議員は、土地所有者に対して「買収」ではなく「提供」を勧めました。１３０１番1の所有者は、土地の提供を拒みました。生活の糧である田を提供できるわけがありません。

ある日、市の関係者が１３０１番1の所有者の自宅にやってきて、土間に包丁を突き立てて「あんたが提供しないから、いつまでも工事ができない。早く土地を提供しろ！」と、大声で脅迫したそうです。それでも屈することなく土地の提供を拒否しましたが、道路建設は強行されました。車一台が通れる幅の、未舗装の砂利道が完成しましたが、１３０１番1の所有者に対する補償金等の支払いは一切なかったそうです。

さらに昭和５５年には、この道路の拡張工事が実施されました。このときは土地所有者への通達や土地買収の話は一切なく、現地の人間は誰も、何も知らされていない、承諾もしていない状態で、道路の拡張工事が行われたそうです。

代々受け継がれてきた財産を侵奪され、それを証明するものを改ざんされ、真実を訴えるという当然の権利まで奪われる。それは父や私だけではなく、複数の町人に対して行われてきた暴挙であり、皆がその悔しさを抱いていました。だからこそ、私のように表立って行動を起こさなくとも、証言や署名集めに応じてくれたのです。

このような不正を許してはいけません。許せば、同じことが繰り返されてしまいます。

市と法務局が関与する不動産侵奪転売について衆議院議員に陳情書を送付し、相談した際、次のような回答書面が送られてきました。

岡崎剛正様
謹啓　早春の候、平素は[redacted]党の活動に対しまして格別のご高配を賜り、厚く御礼申し上げます。

早速ですが、先般よりご相談いただいている件に関し、書類を拝見する限り、私見ですが、看過できないものであると認識いたします。

地方自治体において、このような蛮行が事実とすれば、国民の財産と生命を守るという行政機関の立場として、憲法に抵触する大きな事件であると理解いたします。

私案として、まずは、この事件の概要に関して、第三者の観点から徹底した調査が必要だと思います。

再度、弁護士、行政書士等の専門的見解をお持ちの方に調査を依頼され、その調査結果をもって行政機関、すなわち自治体との交渉にあたられることが第一義であると考えます。

当方、事務所では国政に参加する立法府に属しており、自治体行政、さらに争議に際して調査権等を行使する立場になく、また疑義・意見等を行なう立場にないことも、あわせてご理解いただければと存じます。

法務大臣においても同様であり、個別案件を調査及び処理するには、法務大臣の立場からして、困難であることもご理解いただきたいと存じます。


岡崎様がこの案件に憤慨され、国、自治体等に不信感をお持ちであることは、当方としても十分理解はいたしますし、この案件が司法において取り上げられる事態となれば、国会において、地方自治運営の根幹から調査をしていくことを政府と国会に進言することをお約束いたします。

今回のご依頼にお応えできかねますが、案件が立件されれば、国政の立場から、調査を徹底することはもとより、法体系の整備を行うことをお約束できるものと思っております。

ご理解を賜りますよう、心よりお願い申し上げます。

謹白

2012年3月26日

衆議院議員　〇〇　〇〇
秘書　〇〇　〇〇

同じ苦しみを味わいながらも、自分や家族、大切な人々のために諦めずに戦い続けている人に、一人でも多く、この本が届くことを願っています。

2025年3月

岡崎剛正

【著者プロフィール】
岡崎剛正（おかざき　よしまさ）
1953年、福岡県生まれ。
大学時代は工学部で専門知識と技術を身につけ、卒業後は機械メーカーに就職。機械製品の修理や、品質管理・品質保証を担う業務に従事する。H市に移住して土地を購入し、所有権移転登記を行った際、これが妨害されたことで境界が不正に改竄されていたことを発見。自治体に事実を訴えるが受け入れられず、間もなく不審な交通事故に遭遇したため、退職。その後は地面師とH市、法務局職員の公文書偽造による不動産侵奪転売について20年以上にわたり裁判で争い、現在も訴えを続けている。

行政と地面師が共謀し、私の土地を奪った！
権力による現状変更訴訟20年の裁判記録と、裁判官の驚くべき判決内容

2025年4月15日　第1刷発行
著　者――岡崎剛正
発行者――高木伸浩
発行所――ライティング株式会社
〒603-8313 京都市北区紫野下柏野町22-29
TEL：075-467-8500　FAX：075-468-6622

発売所――株式会社星雲社（共同出版社・流通責任出版社）
〒112-0005 東京都文京区水道1-3-30
TEL：03-3868-3275

印刷製本：有限会社ニシダ印刷製本
カバーデザイン：横野由実

ISBN：978-4-434-35694-0　C0032 ￥1000E